EDUCANDO CON PROPÓSITO:

5 principios que guiarán la vida de tu hijo

GIGLIOLA NÚÑEZ

5 principios que guiarán la vida de tu hijo

Einstein Counselor

Gigliola Núñez, 2015
www. disciplinaconamor.com

Diseño de ilustraciones: Natalia Serrano
Diseño de cubierta: Natalia Serrano
www.serranonatalia.com
Diagramación: Gatos Gemelos

Primera edición: julio del 2015
ISBN-13: 978-1515093145
ISBN-10: 151509314X

GIGLIOLA NÚÑEZ es madre de 2 hijas, maestra de profesión y apasionada por la Disciplina Positiva. En el 2011 se certifica en Chicago como entrenadora de Disciplina Positiva e inicia en Colombia los primeros entrenamientos de certificación en español que se realizaron por fuera de los Estados Unidos. De esta manera, Disciplina Positiva se empezó a conocer y a expandir en Hispanoamérica. Actualmente, realiza conferencias a nivel nacional e internacional y apoya a familias, colegios, y diferentes organizaciones a implementar esta filosofía.

Agradecimiento

Agradezco a mi esposo por su apoyo incondicional, a mis dos hijas, Giuliana y Salomé, quienes han sido mis maestras en este proceso de aprender a ser mejor mamá para ellas. Agradezco a mi padre que ha sido mi modelo en este camino de guiar a mis hijas, y a mis dos hermanas por su aliento durante todos estos años.

También doy gracias a Jane Nelsen por la confianza que ha depositado en mí desde que elegí ser parte de Disciplina Positiva y por ser una inspiración en mi vida.

Aprecio a Rocío por creer en el proyecto de este libro e impulsarme para llevarlo a cabo, a Natalia, mi sobrina, quien es la autora y diseñadora de cada una de las gráficas que encontrarás en este libro.

Muchas gracias igualmente a mis amigas, amigos y a cada una de las familias que contribuyeron compartiendo sus experiencias para enriquecer este libro.

Finalizo agradeciendo a todas las organizaciones con las que he trabajado durante estos últimos años y a sus líderes que han confiado en mí para poder llevar la Disciplina Positiva a sus contextos.

Índice

Introducción

Fui madre siendo muy joven; para ese entonces tenía 21 años y para serte honesta no sabía cómo ejercer este rol de ser madre. Emprendí este viaje de ser madre llena de amor, alegría, entusiasmo, incertidumbre y también con mucha ansiedad. Quería ser la mejor mamá para mi hija y en mi búsqueda por lograrlo encontré el libro *Disciplina con amor* de Jane Nelsen.

Desde ese momento, este libro se convirtió en mi apoyo para guiarme en el proceso de crianza.

Y después de varios años implementado las herramientas de *Disciplina con amor* a nivel personal, hoy en día como madre de dos hijas, estoy convencida de que podemos liderar una crianza amorosa y respetuosa que nos permita desarrollar seres humanos íntegros que sean capaces de prosperar dentro de esta sociedad.

Educando con propósito, recopila los principios que he encontrado a través de mi experiencia como madre, maestra y asesora en procesos de crianza acerca de cómo ejercer un liderazgo amoroso y respetuoso con los niños, niñas y adolescentes.

A través de la lectura te invito a ser ejemplo de una educación que respeta la dignidad del ser humano.

Encontrarás cómo ser un padre, madre y/o educador respetuoso sin caer en la permisividad o el autoritarismo. Identificarás cual es la **necesidad** de todos los seres humanos y cómo fomentarla dentro de tu contexto.

Obtendrás herramientas prácticas para ejercer una educación con propósito; logrando desarrollar habilidades de vida en los niños, niñas y adolescentes sin tener que recurrir a castigos o premios.

En este libro se reconoce el líder que eres en esta sociedad y por eso, encontrarás una guía que te permita tener claridad hacia dónde quieres llevar a tus niños, niñas o adolescentes y puedas mantenerte enfocado inclusive en los momentos más difíciles. Ten presente que en tus manos están los seres que liderarán la transformación y evolución de esta tierra. Ellos dependen de ti para manifestarse en sus más altas dimensiones. Entonces, te invito a emprender este viaje conmigo. Por supuesto como cualquier viaje, necesitarás algunas herramientas para hacerlo. La primera de ellas es estar abierto y darte el permiso de explorar y disfrutar de todo aquello que puedas encontrar en este libro.

También necesitarás un lápiz y unas cuantas hojas en blanco en donde irás marcando la ruta de tu viaje, de tal manera que sepas cómo regresarte o retomar el camino cuando sea necesario. Si lo deseas, puedes hacer un pequeño diario con tus anotaciones.

Te estaré acompañando durante todo el viaje y de corazón deseo que te lo goces y que amplíes tus herramientas de cómo llevar a cabo una educación con propósito.

Emprendiendo el viaje

Antes de iniciar este viaje te voy a pedir que recuerdes la primera vez que recibiste a tu hijo en tus brazos. ¿Cuáles fueron esos sentimientos? ¿Qué pensabas?...Tómate tu tiempo y escríbelo en tu diario.

Sentiste amor, paz, alegría, entusiasmo, ilusión, miedo, angustia y también mucha ansiedad frente a cómo iba a ser ese viaje de ser padre. También puede que hayas pensado: "¿Será que puedo hacerlo bien?", "No sé cómo voy a hacer esto", "¿Y ahora quién podrá ayudarme?", "Estoy tan feliz, ya veré qué pasa", etcétera.

Estos y otros pensamientos pudieron pasarse por tu mente y seguramente varios de ellos aún continúan dándote vueltas en tu cabeza. Y no es para menos, teniendo en cuenta que te adentraste a un viaje hacia lo desconocido.

Cuando decidiste ser padre nadie te enseño cómo hacerlo. Tampoco te comentaron acerca de lo que te podías encontrar en el camino y adicionalmente tu tripulación que para este caso es tu hijo o hija venía como muchos dicen, sin el manual de instrucciones.

Muchos podrían apostar que este viaje basado en estas condiciones no tendría un aterrizaje seguro. Oh sorpresa! para aquellos que lo aseguraban. Personalmente creo que se han equivocado porque aunque nadie te ha enseñado a ejercer el rol de ser de padre, tú ya traes contigo un equipaje lleno de la *sabiduría* que has ganado en tu vida, de tu *instinto* que te permite tener claridad frente a las situaciones de peligro y necesidades de tu hijo o hija y adicionalmente tienes un inmenso *amor* que te permite buscar apoyo y guía cuando lo necesitas.

En *este libro* encontrarás esa luz para guiarte en el camino que emprendiste como padre, madre y educador y que de aquí en adelante también podrá ser parte de tu equipaje.

Lo primero que necesitamos definir antes de emprender este viaje de ser padres, madres y/o maestros es cuál va a ser nuestro destino final, hacia donde queremos llevar a nuestros hijos o hijas. Para lo cual te voy a pedir que pienses en lo siguiente:

Han pasado ya 20 años y estás sentando en la sala de tu casa. Tocan la puerta, te levantas y al abrirla ves a tu hijo o hija, quien se ha convertido ahora en un adulto, ¿Qué características, qué cualidades desearías ver tú en él o en ella? Escríbelas en tu diario.

Puede que hayas escrito amoroso, responsable, seguro y respetuoso. También que sea solidario, capaz de tener relaciones saludables con los demás, tolerante, honesto y feliz. ¿De qué dependerá que tu hijo logre desarrollar esas características? (responde en tu diario).

Como seguramente te has dado cuenta, dependerá de la plataforma que le brindes; y aunque en este momento puedas sentir que tienes bastante responsabilidad sobre tus hombros, también existe una gran posibilidad de ser los co-creadores de seres humanos únicos e íntegros para nuestra sociedad.

Para lograr establecer una base segura que permita inspirar estas habilidades y cualidades en tu hijo durante el viaje, tendremos en cuenta los siguientes 5 principios:

Principio 1. Respeto mutuo.
Principio 2. Sentido de pertenencia y significado.
Principio 3. Todos somos uno.
Principio 4. Los errores son oportunidades
                de aprendizaje.
Principio 5. Soluciones.

Principio 1.

Respeto mutuo

Nuestro fundamento será la Disciplina con amor o también muy conocida como Disciplina Positiva.

Esta es una metodología creada por Jane Nelsen y Lynn Lott y se basa en las enseñanzas de Alfred Adler[1] y Rudolf

---

[1] Alfred Adler (1870-1937). Médico y psiquiatra austríaco, padre de la Psicología Individual. Adler consideraba al individuo como un ser holistico y afirmaba que todo ser humano tiene una necesidad de sentir pertenencia a un grupo y tiene la capacidad de contribuir al bienestar de este (Gemeinschaftsgefühl).

Dreikurs[2] quienes comprendieron la importancia de tratar a todas las personas con la misma dignidad y respeto y encontraron que el comportamiento del ser humano está encaminado a la búsqueda de pertenencia y significado.

Cuando se dice que todas las personas merecen ser tratadas con la misma dignidad y respeto parece sencillo llevarlo a la práctica, pero en la realidad cuesta hacerlo.

Las razones pueden ser variadas pero me voy a referir a una en particular de acuerdo con McKay, et ál. (2001) y tiene que ver con la forma como en la historia las personas ejercían su autoridad.

[2] Rudolf Dreikurs (1897-1972). Psiquiatra vienés. Era el director de uno de los centros de terapia familiar en Viena que utilizaban los métodos de Adler con familias y en salones de clase. Dreikurs fue el creador del concepto de la educación democrática y una de las primeras personas en reconocer los beneficios de las terapias grupales.

Para lo cual te pido que recuerdes en la historia de la sociedad quiénes eran las personas que estaban aceptadas para ejercer el poder. Ahora visualiza una escalera y a estas personas las vas a ubicar en el nivel superior. Podrían hacer parte de este nivel *reyes, jefes, maestros, adultos* y el *hombre,* entre otros. Ahora recuerda sobre quiénes ejercían el poder y colocarás a estas personas en el nivel inferior de la escalera. Dentro de ese grupo podrían estar: campesinos, empleados, estudiante, el niño o niña y la mujer. En cada peldaño que separa el nivel superior del inferior vas a visualizar las herramientas que empleaban las personas que estaban en un nivel superior para mantenerse en el poder o para manejar a las que se encontraban en un nivel inferior.

Escríbelas y observa cómo esas herramientas[3] carecen de un trato respetuoso y digno. Pues estas herramientas son las que han pasado de generación en generación; y a pesar de todos los movimientos y declaraciones de derechos humanos que se han establecido, muchas de ellas continúan estando vigentes en la sociedad.

---

[3] Algunas sugerencias que comentan los participantes en los talleres que realizo de Disciplina Positiva son: castigos, manipulación, premios, división, retención de información y de recursos, amenazas, etc.

Ahora te propongo que visualices a estos dos grupos de personas unidas trabajando por el bien común y en donde independientemente de sus niveles se tratan con la misma dignidad y respeto.

- ¿Qué herramientas crees serían importantes tener en cuenta para lograr este objetivo?
- ¿Qué diferencias encuentras entre las primeras herramientas y estas?
- ¿Cuál de los dos grupos de herramientas crees que permite tratar al ser humano con la dignidad y respeto que se merece?

Encontrarás que el segundo grupo[4] nos invita a tratar a todos en igualdad de condiciones frente a esa dignidad y respeto. Sin embargo, estas herramientas no hacen parte de nuestro estilo de crianza. Es por esto que aún podemos observar a otros y hasta nosotros mismos empleando castigos, gritos, amenazas e inclusive los mismos premios que lo único que hacen es alejarnos de lo queremos habilitar en nuestros niños, niñas y adolescentes.

Entonces, la invitación que te hago es a desaprender esos viejos métodos y empezar a reemplazarlos por un liderazgo en donde prime la dignidad y el respeto del ser humano. Puede que muchas veces sientas que regresas a las viejas estrategias, pero, poco a poco con constancia

---

[4] Algunas sugerencias que expresan los participantes en los talleres son: respeto, cooperación, participación, integridad, escuchar, empatía, compartir una misma visión y enfocarse en soluciones entre otros.

y decisión, lograrás convertir este principio en parte de tu equipaje.

Principio 2.
Sentido de pertenencia y significado

Otro de los principios que estaremos explorando es fomentar el sentimiento de pertenencia y significado en el ser humano.

El individuo es un ser social por naturaleza y tiene una necesidad básica de pertenecer y sentirse importante dentro de su contexto. La pertenencia consiste en sentirse conectado, aceptado y ser parte de un todo. La importancia o significado se trata de sentirse único, diferente y especial.

Desde que nacemos buscamos encontrar esta pertenencia y significado en las familias y en otras comunidades de la cual hagamos parte como la escuela, el vecindario, el trabajo, el grupo de amigos y/o los equipos. Piensa en la siguiente pregunta:

- ¿Qué estarías dispuesto a hacer para sentir que perteneces y que eres importante dentro de tu familia?

La respuesta que recibo de parte de los participantes en los talleres es que *"harían lo que fuera necesario"*. Y es que a nadie le resulta agradable o cómodo ser invisible para los demás o sencillamente no ser tenido en cuenta.

El comportamiento del ser humano está dirigido a cubrir esta necesidad de pertenencia y significado y si en algún momento siente que la ha perdido buscará otras alternativas de comportamiento que le permita recuperarla como veremos en los siguientes tres ejemplos:

1. Camilo levanta la mano dentro del salón de clase para participar y no le dan la oportunidad. Pasan los días y nada que le dan el chance, así que Camilo decide no levantar más su mano. Ahora, durante la clase se la pasa hablando con su compañero de puesto y la maestra le pide que haga silencio porque está interrumpiendo el trabajo de los demás.

2. Llega Pedro de la escuela y se pone a ver televisión. La mamá le dice: *"Hijo, apaga la tele es hora de hacer tus tareas"*. Pedro apaga la tele y se pone hacer tareas. Mientras hace su tarea, la mamá se le acerca y le dice *"hijo borra esta letra, está torcida"*. Pedro borra toda la frase y la escribe nuevamente.

La mamá le dice *"termina rápido que ya vamos a comer y no olvides recoger tu reguero de juguetes".*  Pedro le responde *"pues ya me cansé y no voy a recoger nada"* y la mamá le responde *"pues, tú sí haces lo que yo diga y nada de protestar".*

3. Bella le entrega la tarea a la maestra quien la observa y al darse cuenta de los errores se los muestra a sus compañeros y les dice: *"¡Chicos! Miren: esto no es lo que hay que hacer"* y le habla después a Bella y le dice; *"Definitivamente tú sí que vives en la luna".* Bella toma la tarea y la hace picadillo enfrente de todos. Y la maestra le dice que ahora por responder de esa manera tendrá que hacer un proyecto adicional.

Inicialmente en los tres ejemplos los niños se comportan adecuadamente. Sin embargo, al no ser escuchados, o tenidos en cuenta, o sentir que no son valiosos buscan alternativas, que ante los ojos del adulto podrían ser vistas como irrespetuosas, irreverentes o intolerables.

Pero finalmente es el camino que han encontrado para recuperar la pertenencia e importancia perdidas.

De acuerdo con Dreikurs R. y Soltz (1990) *"El niño repetirá el comportamiento que lo haga sentir que tiene un lugar y abandonará todo aquel que lo haga sentirse excluido".*

Como estás observando, el comportamiento inadecuado surge como una solución para recuperar la pertenencia y el significado perdido. Y puede que en este momento estés sentado en tu sillón pensando o preguntándote *¿Entonces los comportamientos que me enloquecen son una búsqueda de mi hijo por pertenecer?, ¿Qué significa esto?, ¿Cuál es mi rol?,* etcétera.

Las respuestas a estas preguntas las encontraremos en los capítulos siguientes y la buena noticia es que podemos prevenir estos sentimientos que generan comportamientos inadecuados y fomentar dentro de nuestra familia y/o escuela un verdadero sentido de pertenencia y significado. Esto se logra a través de acciones que le permitan al ser humano conectarse de manera útil, cooperando, contribuyendo y actuando con consideración y compasión.

Principio 3.

Todos somos uno

En nuestro viaje tendremos presente que no estamos solos. Que hacemos parte de un todo y que cada acción que realizamos en el día nos afecta a nosotros y a los que están a nuestro alrededor. Por esto, será necesario que aprendamos a mostrarles a nuestros hijos que no son los únicos en el universo y que ellos a través de sus acciones pueden impactar positiva o negativamente su vida y la de los demás. Miremos el siguiente ejemplo:

Emma tiene 8 años y tiene una hermana mayor que se llama Mia. Una mañana de salida hacia al colegio, Emma decidió llevarse la billetera que Mia había dejado en la sala la noche anterior. En el colegio Emma presumía de la billetera de su hermana y jugó tanto con ella que se le daño el cierre. De regreso a casa, Emma llegó muy triste y no sabía cómo decirle a su hermana lo que había ocurrido. Mia buscó la billetera en los posibles sitios donde podría haberla dejado hasta que le preguntó a Emma si la había visto, quien no tuvo más remedio que contarle lo sucedido. Su hermana se molestó con ella y le dijo que no volviera a tomar nada de ella sin su permiso. Al llegar los padres a casa se sentaron a conversar con Emma acerca de las implicaciones de su acción y le dijeron: *"Emma, esta vez fue el cierre de la billetera, pero pudo haber sido la plata, los documentos, fotos o recuerdos de valor de tu hermana. Eso hubiera requerido recuperar el dinero, y que Mia tuviera que gastar horas de su trabajo solicitando nuevamente su tarjeta de identificación, carnet médico, y todo lo que podía tener dentro de la billetera".*

Al llevarse la billetera Emma no alcanzó a dimensionar que todo esto podría suceder y como le afectaría en la relación que tenía con su hermana y con los demás. Te pregunto: ¿Cuántas veces te ha sucedido que haces algo y no piensas en las consecuencias que puede tener esa decisión, como le ocurrió a Emma?

Todos los días estás tomando decisiones, unas más transcendentales que otras, pero igual son decisiones que te afectan a ti y a los demás. Ahora, imagina ese poder de decisión puesto al beneficio de los demás. En donde cada persona tomará la decisión de ayudar a su comunidad, sin buscar pertenecer u obtener un beneficio propio; solo ayudar porque le nace de corazón hacerlo.

¿Qué tanto impactaría su vida y la de los demás, teniendo en cuenta que todos somos uno?

Alfred Adler (de acuerdo con Dreikurs E., 1984, p.6) señalaba que todas las personas nacen con este potencial de sentido de comunidad y que dependerá del ambiente en que esté la persona para que florezca.

Entonces, somos los adultos los que estimulamos el sentido de comunidad en nuestros niños, niñas y adolescentes. Más adelante revisaremos cómo hacerlo.

Los errores son oportunidades de aprendizaje

Como seres humanos que somos cometemos errores y seguramente en este viaje de ser padres o maestros hemos estado llenos de ellos. No cometer errores es inevitable teniendo en cuenta nuestra condición humana. Por ello, lo mejor es sacarles el mayor provecho cuando tomamos la decisión de aprender de ellos.

La forma como decidas aproximarte al error marcará la diferencia tanto para ti como para tu hijo o hija. Podrán crecer y desarrollar habilidades de vida partiendo del error cometido; o podrán hundirse en la pena, dándose golpes de pecho, haciendo juicios o buscando culpables, con una gran probabilidad de volver a cometerlos.

Para no caer en esta situación, será necesario que durante este viaje aprendamos a sacarles el mayor provecho a esos errores, reconociéndolos, reconciliándonos y enfocándonos en soluciones.

Principio 5.

Soluciones

También durante este viaje las soluciones serán nuestras mejores aliadas, no solamente cuando cometamos errores sino también cuando se nos presenten dificultades en el camino.

Tanto los padres como los maestros tienen permanentemente situaciones desafiantes en casa y dentro de la escuela. Varias de ellas de carácter repetitivo que pasan una y otra vez, sin mostrar cambio alguno. Una de las razones por las cuales los comportamientos desafiantes se repiten es porque no se llega a la raíz de lo que está sucediendo y también porque hacemos uso de estrategias poco efectivas como son los castigos, los premios o de las mismas consecuencias, pero mal utilizadas.

Veamos el siguiente ejemplo:

Es la hora de cenar y le sirven la comida a Juan, quien se sienta en la silla del comedor y empieza a protestar: ---"No me gusta", "no me lo voy a comer", "está muy caliente", "quiero mi postre", etc. La mamá, le dice a Juan:

---"Te quedas sentado en esa silla hasta que termines de comerte todo, ni hagas el intento de levantarte, porque ya sabes lo que te va a pasar".

Juan sigue protestando y hace el intento de levantarse más de una vez y ante cada intento la mamá le abre los ojos como si quisiera "comérselo".
Y después de varios ruegos de parte de la mamá para que Juan comiera, él se come dos cucharas de su cena y sale corriendo a jugar.

Este puede ser un momento típico para muchas familias e inclusive se puede presentar en la escuela; y cómo observamos el problema que tiene Juan a la hora de comer no se soluciona realmente. Los castigos, gritos, amenazas o represalias que emplea la mamá generan mayores desafíos en él y deterioran la relación madre e hijo, entre otras cosas.

Definitivamente, el uso de este tipo de métodos nos aleja de lo que queremos desarrollar en nuestros hijos o hijas. Si queremos aprovechar estas situaciones desafiantes como oportunidades de aprendizaje debemos enfocarnos en soluciones, en donde, en compañía de las personas involucradas se generen ideas respetuosas para que el problema no continúe ocurriendo. Verás como a través de la práctica te conviertes poco a poco en un experto en resolución de conflictos en tu familia o escuela.

También puede que este viaje signifique un cambio para ti y para los que están a tu alrededor y

como todo cambio tomará tiempo adaptarse y adoptarlo; sé paciente y confía en tu capacidad de implementar y liderar con amor y respeto.

Durante este viaje, varios pueden que se te acerquen y crean que estás un poco desquiciado o que todo lo que haces no te llevará a ningún lado.

Ten presente que ellos desconocen cuál será tu destino final, el cual trazaste antes de emprender este viaje y todos los días darás un paso que te irá acercando cada vez más.

Entonces, lo que está por venir será un viaje único y maravilloso en donde los 5 principios que te he propuesto en este capítulo serán la base que nos ayudarán a desarrollar las habilidades y cualidades que queremos para nuestros niños, niñas y adolescentes.

Exploraremos cada uno de ellos a profundidad a través de ejemplos, preguntas y también teniendo en cuenta tu experiencia, de tal manera que será un viaje enriquecido entre los dos.

Ahora que tenemos todo listo para emprender nuestro viaje, te invito a que escojas el vehículo de tu preferencia, con el que te sientas más cómodo.

Si lo deseas, puedes hacer el viaje caminando, en tren, en avión o en barco lo importante será que tengas siempre presente que la dignidad y el respeto, en compañía del sentido de pertenencia y comunidad, más el aprendizaje a través de los errores y el enfoque en soluciones serán como el:

- ◦ Aire, en donde fluiremos.
- ◦ Agua, sobre la que navegaremos.
- ◦ Terreno, en donde nos moveremos.

Bienvenido a la gran aventura de ser padres y gracias por permitirme acompañarte durante tu viaje.

Viajando a través del respeto mutuo

Muchos aún consideran que en ocasiones es mejor "dar una palmada a tiempo que pasar toda la vida lamentándose". Estas personas están convencidas de que los castigos, las amenazas, las represalias y los golpes corrigen un comportamiento inadecuado en los demás y piensan que haciendo sentir mal al otro se sacará lo mejor de él.

Me pregunto si estarías dispuesto a recibir un castigo por haberte equivocado o por haber actuado de manera inadecuada en una situación determinada. A continuación te pongo un ejemplo:

> Estás en una reunión con amigos y estás tan emocionado porque hace mucho tiempo que no los ves es tal tu alegría que empiezas a abrazarlos fuertemente, a darles besos y hasta haces chanzas o juegos "recordando aquellos viejos tiempos".
>
> Le dices a Juanca
>
> ---*"Uy, tú sí que nunca creciste y le das una pequeña palmada en la cabeza". Luego le hablas a María*
>
> ---*"¿Oye y tú todavía le dices a la gente que el idioma*

de los chinos es el naranjo? ¿Tú sí que eras bien brutica en aquella época, no?...

Durante la tarde sigues diciéndoles cada cosa a tus amigos, hasta que ellos te dicen que le bajes un poco el tono a los comentarios y tú continúas como si nada. Así que uno de ellos decide sacarte a empujones de la reunión.

Ahora te pregunto: ¿Crees que estando dentro de este rol mereces que tus amigos te humillen por tu mal comportamiento o juegos inadecuados? ¿Estarías dispuesto a reunirte nuevamente con ellos a pesar de los golpes o gritos que pudieron darte?

El golpe o el maltrato puede que haga cambiar tu comportamiento con tus amigos en un futuro, pero la razón por la que harás el cambio es por temor a que te vuelvan a maltratar; no porque efectivamente hayas entendido lo que estaba mal en tu comportamiento. O por el contrario, puede que en una próxima oportunidad intensifiques tu comportamiento para que ellos paguen el dolor o humillación que te generaron ese día.

Entonces, como te puedes dar cuenta a través de este juego de roles que has hecho, te puedo asegurar que ni a ti, ni a nadie le gusta que lo castiguen o que lo hagan sentir mal; además está comprobado, de acuerdo con Nelsen (2009, p. 12), que lo único que genera este tipo de métodos represivos en el ser humano es:

o **Resentimiento:** "Eres la peor persona que he conocido, haré lo que me dices pero una vez pueda me liberaré de ti".

o **Rebeldía:** "Tú no me mandas, y haré las cosas a mi manera la próxima vez".

o **Venganza:** "Lo haré por evitarme que me castigues, pero esto no se queda así".

o **Retraimiento:** "Seré más cauteloso y no te darás cuenta cuando haga las cosas a mi manera". También puede pensar "No sirvo para nada, soy lo peor".

Adicionalmente cuando la relación entre el adulto y el niño, niña y/o adolescente se establece de esta manera, él está aprendiendo que:

• Es una forma válida para relacionarse con los demás.
• Está bien abusar de los demás.
• Está bien que los demás abusen de él.
• Los conflictos se resuelven a través de estos métodos represivos.

Estos resultados van en contravía de las habilidades que escribiste al principio del libro que quieres fomentar en tu hijo o hija y por el contrario te genera mayores retos en el día a día con él o ella; ya que el niño hará lo que sea necesario para recuperar su dignidad y respeto perdido, causada por la humillación o maltrato recibido.

Algunas personas consideran que los niños de "hoy" son irreverentes ante la autoridad, que no obedecen y que los niños de "antes" hacían todo sin protestar. Personalmente me alegro que tengamos a los niños, niñas y adolescentes de "hoy" los cuales no están y no tienen por qué estar dispuestos a tolerar ningún tipo de agresión hacia su dignidad y en consecuencia, ellos responden a:

- o **Tu imposición:** revelándose para mostrarte que son iguales a ti en dignidad y respeto.
- o **Los premios:** esperando que recompenses cada comportamiento que tienen.
- o **Los castigos:** castigándote a ti para recuperar su dignidad y respeto.

Los niños, niñas y adolescentes no son responsables de que los adultos que están a su cuidado tengan los principios o el conocimiento para hacerlo, o la paciencia y el auto-control para guiarlos. Tampoco tienen que pagar las heridas del pasado que traen los adultos producto de la educación, o crianza que recibieron o del contexto en que vivieron.

Los adultos somos responsables de abanderar una educación en donde la dignidad del ser humano es respetada; somos los encargados de llevar al ser humano a su máximo potencial brindándoles la plataforma que necesitan para explorar y tener las habilidades y valores para construir un mundo mejor; y esto sólo se logra a través del amor y el respeto. Por tanto, somos los adultos los encargados de encontrar el camino para transmitir este mensaje. Más adelante en este mismo capítulo exploraremos cómo hacerlo.

Estilos de crianza

En este proceso de liderar la mejor educación para nuestros niños, niñas y adolescentes cada padre, madre y educador decide "escoger" un método o estilo de crianza pensando en lo que puede ser mejor para él o ella. Sin embargo, como veremos no necesariamente todos los estilos responden al principio del respeto mutuo y tampoco nos permiten desarrollar las habilidades que queremos en ellos. Entonces ahora revisemos juntos estos estilos que pueden estar presente durante esta gran aventura de ser padres, madres y educadores.

Estilo autoritario

Juanma llega del colegio y se sienta a ver T.V. Luego de más de dos horas de estar viendo T.V. llega su mamá y le dice a Juanma: "Llevas más de dos horas pegado a ese televisor! ¿Es qué no te pusieron tareas? Tú definitivamente eres un flojo. Apaga YA ese televisor, se te van a poner los ojos cuadrados y ¿es qué acaso se te pasó por la cabeza no hacer las tareas? Bien lo decía mi madre, que eres un bueno para nada"… Y la historia quedará en continuará porque creo que ya te has hecho una idea.

Si te pidiera que te pusieras por un momento en los zapatos de Juanma, ¿Cómo te sentirías?, ¿Qué pensarías acerca de ti mismo y acerca de tu mamá? y ¿Qué decisión estarías tomando frente a la tarea? ¿Qué habilidades estás desarrollando a largo plazo basado en este estilo? Puedes escribirlo en tu diario. Te invito a chequear las similitudes o diferencias que encuentras entre tus ideas y los efectos del estilo que te presento a continuación:

Este ejemplo refleja al estilo *autoritario* y dentro de él encontramos aquellos padres, madres y educadores que dicen: **"En esta casa se hace lo que yo diga y PUNTO"**.

Estas personas actúan siendo excesivamente firmes y con poca amabilidad; emplean el total orden sin ninguna libertad. Usan el control excesivo y recurren a castigos más fuertes cuando el niño, niña o adolescente se les rebela. También emplean los premios como recompensa del buen comportamiento. Pueden llegar a sentirse culpables después de usar la fuerza y/o humillación, llevándolos a ser completamente permisivos. Los adultos que emplean este estilo temen que sus niños, niñas y adolescentes se conviertan en malcriados o chicos que hacen lo que quieren y están seguros de que a través de la firmeza excesiva lograrán cambios efectivos en sus comportamientos.

Sin embargo, como te has dado cuenta de acuerdo al evento descrito anteriormente, este estilo genera sentimientos de rabia, temor, tristeza, irrespeto e invita a los niños, niñas y adolescentes a la rebeldía o sumisión, agresividad, mentiras, falta de confianza en sí mismo, complacencia y rigidez, entre otras.

Estilo permisivo

Juanma llega del colegio y se sienta a ver T.V. Luego de más de dos horas de estar viendo T.V.

Llega su mamá y le dice a Juanma:

---"Mi vida, mi corazón, ¿cuándo vas a sentarte a hacer la tarea? Llevas mucho rato sentado viendo T.V. ¿Estas cansadito?, ¿Quieres que la mamá te traigas unas galletas y después haces la tarea? ¿Sí?

Como respuesta, Juanma le dice que él quiere las galletas, pero que él no hará la tarea porque está muy cansado. Entonces la mamá le responde ¿Amor, y qué tal que sólo por esta vez yo haga la tarea por ti y así puedes descansar para que mañana tengas toda la ENERGÍA para ir al cole?

Nuevamente si te pidiera que te pusieras por un momento en los zapatos de Juanma ¿Cómo te sentirías?, ¿Qué pensarías acerca de ti mismo y acerca de tu

mamá? y ¿Qué decisión estarías tomando frente a la tarea? ¿Qué habilidades estás desarrollando a largo plazo basado en este estilo? Puedes escribirlo en el diario.

Ahora revisemos que similitudes y/o diferencias encuentras entre tus ideas y los efectos del siguiente estilo:

Este estilo es el *permisivo* y puede que sea uno de los más practicados hoy en día; es aquel que está bajo el lema **"Tú eres el rey de la casa, y en esta casa se hace lo que tú digas"**. Estas personas actúan siendo excesivamente amables y con poca firmeza; emplean la libertad total sin orden alguno. Son personas que temen educar con límites, temen decirles lo que piensan a sus niños, niñas y adolescentes porque creen que si lo hacen les dañarán y afectarán su autoestima. También son adultos que se sienten desgastados en el proceso ya que permanentemente están a merced de las peticiones de los niños, niñas y adolescentes, a los cuales terminan tratándolos como si fueran cascaritas de huevo, quienes al menor toque se rompen.

A los niños, niñas y adolescentes que se educan con este estilo tienen sentimientos de inseguridad, ansiedad, soledad, irrespeto, irresponsabilidad, inestabilidad, e invita a los niños, niñas y adolescentes a la manipulación, tiranía, dependencia, baja tolerancia a la frustración, adicción a la aprobación y al capricho, entre otros.

Estilo democrático

Juanma llega del colegio y se sienta a ver T.V. y la mamá se le acerca y le dice:

---"Hijo noto que se terminó tu programa de T.V. y de acuerdo con el plan de trabajo que has creado, ¿Qué tienes que hacer ahora?

Juanma responde: ---"Ma, hacer la tarea".

Mamá: ---Bueno hijo, "estaré trabajando en el escritorio, si necesitas ayuda, me cuentas".

Juanma: ---Pero Ma, es que no la quiero hacer ahora.

Mamá: ---Hijo, ¿qué sucede cuando no llevas la tarea?

Juanma responde: ---Tengo que hacerla en la hora de mi descanso.

Mamá: ---¿Y eso es lo que quieres hacer?

Juanma: ---No, por supuesto que no, ya la hago.

Mamá: ---Ok hijo.

Siendo Juanma, escribe en tu diario ¿Cómo te sentirías?, ¿Qué pensarías acerca de ti mismo y acerca de tu mamá? y ¿Qué decisión estarías tomando frente a la tarea?, ¿Qué habilidades estás desarrollando a largo plazo basado en este estilo? Nuevamente compara tus ideas con el último estilo:

Este estilo es el democrático; es aquel que está bajo el lema **"Tanto tú como yo merecemos ser tratados con la misma dignidad y respeto"**. Estas personas actúan siendo amables y firmes al mismo tiempo; emplean la libertad con orden. Dentro de este estilo se practica el respeto mutuo, se dan opciones y se permite que el niño explore las consecuencias de sus decisiones. El niño, niña y adolescente es considerado como un ser capaz y ante las dificultades o retos se enfocan en soluciones. Dentro de este estilo tanto el adulto como el niño, niña y adolescente conservan su dignidad.

Los niños, niñas y adolescentes a través de este estilo se sienten felices, tranquilos y seguros de sí mismos y los invita a ser independientes, a sentirse capaces, a tener una sana autoestima, a ser confiados, responsables, respetuosos, solidarios, empáticos, colaboradores, amables, amorosos, resilientes, capaces y enfocados en soluciones entre otras.

El estilo democrático nos permite fomentar habilidades de vida en nuestros niños y tanto los adultos como los niños conservan su dignidad y respeto; por lo tanto, ninguno de los dos tendrá la necesidad de defenderse o protegerse ante los comportamiento del otro. En consecuencia durante la crianza se genera mayor conexión, armonía y disfrute en la relación padre e hijo o educador y niño, niña y adolescente.

Puede que cuando hayas revisado los estilos te sientas más familiarizado con uno que con otro y permíteme compartirte que no eres el único al que le ha pasado esto. Cuando realizo los talleres encuentro que tanto padres, madres como educadores se encuentran saltando principalmente entre el estilo permisivo y el estilo autoritario y muy pocos logran ubicarse exclusivamente en el estilo democrático. Esto sucede como te contaba al principio del capítulo 1 porque las personas traen incorporadas por tradición herramientas basadas en premios o en castigos; y para llevar a cabo el estilo democrático será necesario desaprender estas herramientas y empezar a incluir las que se fundamenten en amor y respeto hacia el ser humano.

Un estilo cimentado en el respeto mutuo

Ahora, revisemos qué significa implementar el estilo democrático y que elementos debemos tener en cuenta para lograrlo. Rudolf Dreikurs (1990) nos decía que para practicar firmeza y amabilidad al mismo tiempo dentro de la relación padre e hijo, se necesita ser respetuoso con el niño, con nosotros mismos y con la situación. Para profundizar acerca de cómo llevar a la práctica la firmeza y amabilidad, te invito a que te tomes un tiempo y escribas en tu diario lo qué significa para ti mostrar respeto hacia el niño y que significa tener respeto hacia ti dentro de la relación padre e hijo o educador y estudiante.

En la medida en que tengas claridad dentro de este viaje acerca de lo que significa respetarte a ti mismo y respetar al otro, podrás saber cuando tienes que poner límites para que tu dignidad no sea vulnerada o para no trasgredir la dignidad de la otra persona.

Te comparto a continuación una lista de acciones que muestran respeto hacia el niño, niña y adolescente, hacia ti y hacia la situación. Puedes incluir las que habías escrito en tu diario.

Mostrar respeto hacia el niño, niña, adolescente es

- **Aceptarlo como un ser único e irrepetible.**
  Es apreciarlo tal como es, sin pretender que sea otro.
- **Tener en cuenta la etapa de desarrollo** en la que se encuentra para tener claridad de las características propias de la edad y de esta manera aproximarse a las situaciones de manera asertiva.
- **Confiar en sus capacidades** y habilidades permitiéndoles que asuman sus tareas y/o

responsabilidades de acuerdo con la edad de desarrollo en la que se encuentran.

- **Hablarle con un tono de voz respetuoso.**
- **Involucrarlo haciéndolo participe de las situaciones;** haciéndole preguntas que lo inviten a expresar sus opiniones y/o ideas frente a las situaciones.
- **Escucharlo estando conscientemente presente** y disponible durante la conversación.
- **Ser empático** hacia sus emociones.
- **Reconocer y apreciar** sus avances y colaboración.
- **Tenerlo en cuenta anticipándonos e informándole** cuando sea posible acerca de los planes que vamos a hacer con ellos.
- **Aceptar y respetar** sus límites.

Irrespetar al niño, niña, adolescente es...

- Emplear agresiones físicas, verbales y emocionales, como la indiferencia.
- No tenerlo en cuenta o involucrarlo dentro de los planes y situaciones que se hacen en la familia.
- No confiar en sus capacidades.

- Hacer cosas que él ya está en capacidad de hacer de acuerdo con su etapa de desarrollo y emocional.
- Rescatarlo impidiendo que asuma las consecuencias de sus decisiones o que se responsabilice de sus acciones.
- Invalidar sus pensamientos y emociones.
- Hacer juicios de valor frente a sus actuaciones.
- Compararlo con otros.
- Etiquetarlo.
- Decirle qué y cómo pensar.
- Sobreprotegerlo.
- Asumir.
- Ridiculizar.

Mostrar respeto
hacia ti mismo es

- Conocerte, amarte y valorarte por el ser único que eres.
- Tener identidad propia.
- Apreciar y reconocerte tus avances y progresos.
- Dedicarte tiempo de calidad y hacer cosas que te apasionen.
- Practicar acciones de auto-cuidado a diario.
- Tener claros tus límites y no negociar lo que para ti es importante.
- Hacer valer tus necesidades y tus prioridades.

- Ser firme y decir no cuando corresponde.
- No permitir ningún tipo de agresiones o manipulaciones de parte de nadie. En estos casos decide alejarte y espera a que estén dadas las condiciones para generar una relación respetuosa entre las personas involucradas.
- Hacer lo que dices.

Cuando NO te respetas a ti mismo

- Permites agresiones y manipulaciones de parte de otros.
- No practicas acciones de autocuidado.
- Cedes ante situaciones que ponen en riesgo tu dignidad.
- Cedes y sacrificas cosas que son importantes para ti.

Respeto hacia la situación es

Ajustarse a lo que se necesita hacer en una situación determinada versus a lo que se puede querer hacer en el momento. Es cuando tus acciones no ponen en riesgo tu integridad y tampoco la de los demás. También es cuando actúas teniendo en cuenta las reglas establecidas en el espacio o lugar en donde te encuentres. Veamos la siguiente tabla con algunos ejemplos que nos muestran la diferencia entre querer y lo que se necesita hacer de acuerdo a la situación:

Querer	Necesita
El chico o tú quieren comer todos los días su "comida favorita".	Ni el chico ni tú necesitan comer todos los días su "comida favorita"; lo que sí necesitan es alimentarse con diferentes nutrientes para estar saludables.
El chico quiere jugar en el parque toda la tarde.	El chico no necesita jugar toda la tarde en el parque; él necesita tener un espacio en el día para jugar y divertirse y así tener un correcto desarrollo social y emocional.
La chica quiere que la lleves todos los días a la casa de su mejor amiga.	La chica no necesita verse todos los días con su mejor amiga; ella necesita relacionarse con otras personas para tener un óptimo desarrollo social.
Tú quieres caminar diariamente durante toda la mañana.	Tú no necesitas caminar durante toda la mañana; tu necesitas hacer ejercicio para mantenerte saludable.
Tu hijo quiere subirse por la parte contraria del rodadero de un parque.	Tú hijo necesita divertirse sin poner en peligro su vida y tampoco la de los demás niños; por lo tanto, deberá ajustarse a las reglas del parque y subirse por las escaleras como corresponde.
Tú quieres conducir tu auto a 100 km/hora todas las mañanas cuando vas a tu trabajo.	Tú necesitas llegar a tiempo a tu trabajo sin poner en riesgo tu integridad y la de los demás; por lo tanto, deberás ajustarte a los límites de velocidad establecidos en el lugar en donde vives.
Tú quieres que tu esposo (a) organice su ropa por colores para que tu guardarropa esté ordenado.	Tú no necesitas que tu esposo (a) organice su ropa por colores para que tu guardarropa esté ordenado. Ambos necesitan establecer un orden con el cual se sientan cómodos.

Querer	Necesita
Tu hijo y tú quieren jugar a las "carreras" mientras visitan a un familiar en un hospital.	Este es un espacio en donde el silencio y la tranquilidad son necesarios para la recuperación del paciente y no está diseñado para que los niños jueguen con sus padres. Por lo tanto, jugar no está acorde con lo que se necesita hacer en esta situación. Si quieres jugar con tu hijo busca un espacio diferente.
Tú quieres sostener una conversación dentro de una biblioteca.	Querer sostener una conversación dentro de un espacio que está establecido para leer en silencio no se ajusta a lo que se necesita de acuerdo con la situación. Si quieres sostener una conversación con tu amigo será necesario que te vayas a otro lugar en donde esté permitido hacerlo.

Como te has dado cuenta a través de estos ejemplos tanto los adultos como los niños podremos querer muchas cosas, pero por encima de nuestros "deseos" están los derechos e integridad propios y de los demás y adicionalmente lo que se necesita hacer de acuerdo con la situación.

Ahora veamos algunos ejemplos en donde se practican la firmeza y la amabilidad:

Camila de 15 años, está en su habitación con unas amigas escuchando música. El volumen está bastante alto, tanto que resuena el piso de la casa. El papá toca la puerta y le dice a Camila; *"me alegra que se estén divirtiendo, pero el volumen de la música está muy alto y me está incomodando. Pueden escuchar la música en un volumen más bajo o pueden apagarlo y distraerse de otra manera; ustedes deciden qué hacer"*.

En el momento en que el padre le manifiesta a su hija la incomodidad que tiene con el volumen de la música, está mostrando respeto hacia sí mismo, expresando sus límites. Al mismo tiempo, está mostrando respeto hacia su hija cuando le da opciones para que sea ella quien decida cómo divertirse sin incomodar a los demás.

David trabaja desde su casa y realiza conferencias con sus clientes vía telefónica. Cuando su hijo de 5 años, Esteban regresa del colegio le pide a su padre que juegue con él y aunque a su padre le encantaría no puede hacerlo ya que está ocupado trabajando. Así que David decide hablar con Esteban y diseñan un plan para que él pueda invertir su tiempo de manera creativa y divertida mientras su papá trabaja. Al día siguiente de haber diseñado el plan, Esteban se dirige a donde su padre y le dice que quiere jugar con él. El padre se pone a su nivel y le responde *"Lo sé hijo y también confío en tu capacidad de distraerte mientras papá está trabajando", ¿qué tienes dentro tu plan para hacer el día de hoy?* Esteban le responde *"hacer galletas de figuritas"*. El padre le contesta *"Fantástico hijo, tan pronto termine de trabajar, te buscaré y comeremos juntos unas cuantas galletas"*.

Este padre está consciente de la edad que tiene su hijo y que necesitará mantenerse firme en el plan para que el niño pueda aprender a interiorizarlo. En esta situación el padre muestra respeto hacia el niño cuando lo tiene en cuenta para diseñar el plan y confía en las capacidades de su hijo para llevarlo a cabo. Se mantiene firme ante las interrupciones de su hijo re direccionándolo hacia lo que se necesita hacer en ese momento. También muestra respeto hacia él cumpliendo lo que dijo iba a hacer y respetando sus tiempos de trabajo.

Sofía de 4 años está en el centro comercial con su mamá y pasado un tiempo de estar caminando y haciendo compras, le dice a la mamá que está cansada y que quiere que la alce. La mamá se baja al nivel de Sofía y le dice "Sé que estás cansada, llevamos un rato haciendo compras y voy a necesitar tu ayuda porque aún me falta hacer una última diligencia. ¿Ves algún sitio en donde nos podamos sentar a descansar en este momento?". La niña le señala una banca. La mamá le contesta "muy buena selección, Sofía" (y se dirigen a la banca y se sientan). Enseguida le dice: "Hija, ahora pensemos cómo podríamos hacer esta diligencia en 20 minutos o de pronto menos tiempo, ¿alguna idea?".

En este ejemplo vemos como la mamá no se engancha con la posibilidad de entrar a discutir si alza o no a la niña conservando respeto hacia ella y enfocándose en lo que se necesita hacer. También muestra respeto hacia lo que siente la niña en ese momento; e igualmente la involucra haciéndola participe de lo que están realizando.

El autobús escolar recogía a Salomé de 7 años, todos los días a las 6:20 a.m. y sus padres como parte de la rutina la despertaban entre las 5:30 a.m y 5:40 a.m. Esa mañana, la mamá se dirigió a su habitación como lo hacía de costumbre y encontró un letrero pegado en su puerta que decía: *"No despertar hasta las 5:40 porque Salo esta durmiendo y mañana tiene colegio."*

La mamá estaba sorprendida y al mismo tiempo feliz de cómo su hija había expresado sus límites siendo respetuosa y clara frente a lo que ella necesitaba. De ahí en adelante la rutina cambió: ellos respetaron la hora sugerida por Salomé porque igualmente cumplía con los requerimientos para llegar a tiempo y tomar el auto bus.

En este ejemplo vemos como los niños, niñas o adolescentes también pueden declarar sus límites de manera respetuosa y en la medida en que los adultos los respeten; le enseñará a futuro a ellos a decir "no" con confianza cuando no estén de acuerdo con alguna situación o sientan que su integridad está siendo vulnerada.

Ahora veamos este último ejemplo que te puede suceder a ti como padre, madre de tu hijo o hija. Estas en este instante haciendo algo que es importante para ti y justo en ese momento llega tu hijo a pedirte que le busques un juguete del estante o que le ayudes con una tarea. ¿Qué haces?

a) Te levantas inmediatamente y atiendes a la petición del hijo.

b) Le dices que en este momento estás ocupado y que tan pronto termines, lo ayudas con lo que necesita.

Basada en tu respuesta creo que puedes darte cuenta en que escala de prioridad ubicas tus cosas. Si decidiste levantarte inmediatamente a atender el llamado del hijo porque consideras que *"lo tuyo puede esperar"* o *"que no te costaba nada hacerlo"*, *"que tanto es..."*; puede que le estés dando una alta prioridad a las cosas de los demás sobre las tuyas. Cuando envías este mensaje implícito o explicito consistentemente dentro de una relación terminas irrespetándote y teniendo una sensación de incomodidad y tensión dentro de ti a largo plazo; y esto sucede porque en el proceso terminas perdiendo parte de tu dignidad.

Si quieres vivir la experiencia de una relación cimentada en el respeto mutuo será fundamental que tengas presente que tú eres tan importante como los demás.

Por esto es que la *opción b* responde al criterio de la firmeza y amabilidad en donde tus necesidades como las de tu hijo son tenidas en cuenta. Dentro de esta situación hay un gana gana y ambos son respetados. Además, dentro del ejemplo el niño no tiene ningún tipo de emergencia y si no lo atiendes enseguida no va a pasar nada malo; en cambio le estas enseñando a ser tolerante, paciente y empático con las necesidades de los demás.

Diariamente tenemos diferentes situaciones tanto con nuestros niños, niñas adolescentes como con otras personas que nos invitan a practicar el respeto mutuo. Más allá de darte una receta para que tengas durante este viaje, te invito a que en toda relación que establezcas, implementes las acciones que listamos al principio en donde muestras respeto por ti, respeto hacia los demás (para este caso hacia los niños, niñas, adolescentes) y respeto hacia la necesidad de la situación. En la medida en que las practiques, se irán interiorizando y poco a poco harán parte de tu lenguaje natural; y así tendrás consciencia cuando tus acciones o la de los demás crucen la línea del respeto; permitiéndote expresar tu inconformidad frente a la situación o corregir y aprender de tu acción para una siguiente oportunidad.

Tú eres importante: autocuidado y autocontrol

Hay dos ingredientes fundamentales para poder liderar una educación basada en el principio del respeto: el autocuidado y el autocontrol. Cuando te sientes feliz y pleno tienes mayores probabilidades de ser paciente y tolerante frente a las situaciones desafiantes que se te puedan presentar en la cotidianidad con los demás y esto incluye a tus hijos.

Tanto el autocuidado como el autocontrol dependen de ti. Sólo tú puedes tomar la decisión de llevar a cabo acciones diarias que te hagan sentir pleno, tranquilo y feliz. Solamente tú puedes establecer acciones que te ayuden a volver a tu centro cuando sientes que te has salido de control en una situación.

Cuidarse a sí mismo: Misión posible

Puede que en este momento de tu vida elegir auto-cuidarte no sea una opción o también puede que estés pensando que no tienes tiempo dentro de tu agenda para invertir en ti. Por ello, quiero recordarte cuán importante es la labor que estás haciendo como padre, madre o educador del niño, niña y/o adolescente.

Es importante que sepas que en tus manos se encuentran la vida y la armonía de esta tierra, que a través de tu guía se están iluminando las vidas de los hijos de esta sociedad, que ellos serán nuestros líderes; y que dependen completamente del trabajo que haces diariamente con ellos para que desarrollen las habilidades y valores que necesitan para ser buenos ciudadanos.

Como te das cuenta, tienes una labor maravillosa que en parte se logrará si te cuidas a ti mismo porque cuando te sientes pleno podrás darle a los demás el ser valioso que hay dentro de ti y, adicionalmente, tendrás mayor disposición para manejar los desafíos que se te puedan presentar en el día a día.

Así que a partir de ahora durante esta aventura única de ser padres, madres y educadores, auto cuidarse será parte de nuestro equipaje.

Plan de auto-cuidado

Te pregunto: ¿Habías pensando antes cuán importante era cuidarte a ti mismo para poder ejercer mejor tu labor? ¿En este momento estás llevando a cabo algún un plan de autocuidado? Si tu respuesta es afirmativa, ¿qué beneficios notas desde que lo estás implementando?

En caso de que esta sea la primera vez que vayas a crear un plan de autocuidado, ten presente que tomará tiempo, constancia y consistencia para que se interiorice y para que haga parte de tu realidad.

Entonces, el primer paso que daremos será crear una lista de acciones que puedas implementar diariamente que nutran las diferentes áreas que conforman tu ser integral como son el área física, mental, emocional/social y espiritual.

En la tabla que verás a continuación encontrarás algunas acciones para que te den una guía acerca de cómo puedes nutrir cada una de las áreas[5]. Dibuja y realiza tu propia tabla con tus ideas de autocuidado. Para que sea más fácil llevar a la práctica este plan, te invito a que en cada área seas específico y escribas con que frecuencia vas a implementar esa acción durante la semana.

También te recomiendo que tomes un paso a la vez; es decir, al principio trabaja en una acción, máximo dos de cada una de las áreas y se consistente durante la práctica. De esta forma lograrás que estas acciones sean parte de tu vida. En la medida en que notes que ya está interiorizada esta acción, incluye otra de las que tengas dentro de tu plan de autocuidado, hasta que estés llevando a cabo tu plan de manera integral.

[5] Adaptación del ejercicio "Cultivating Self-Nurturing" creado por Donna Goldman y presentado en Julio del 2012 durante el Think Tank en San Diego California.

Ten presente que paso a paso siendo consistente, se logran los cambios que se quieren en la vida.

Notarás que varias de las acciones podrían estar ubicadas al mismo tiempo en las cuatro áreas y esto sucede porque somos seres integrales compuestos por un cuerpo físico, mental, emocional/social y espiritual. Sin embargo, cuando haces la división dentro de tu plan de auto-cuidado te aseguras de que todas las áreas estén cubiertas y esto te permitirá sentirte más balanceado, fortalecido y pleno en tu vida.

Yo soy importante y me cuido en todas las áreas de mi ser	
Físico	**Mental**
• Hacer ejercicio 2 veces a la semana. • Caminar diariamente por una hora. • Alimentarme saludablemente a diario. • Tomar un litro de agua a diario. • Descansar a diario. • Recibir un masaje mensual. • Hacer clases de baile 2 veces a la semana. • Hacer ejercicios de respiración a diario.	• Leer un libro al mes. • Leer frases inspiradoras, motivadoras a diario. • Llenar crucigramas dos veces a la semana. • Investigar una palabra nueva en el diccionario a diario. • Visitar un museo una vez al mes. • Asumir un reto personal cada dos meses.
Emocional/Social	**Espiritual**
• Escribir en un diario tres veces a la semana. • Reconocer y apreciar mis avances a diario. • Expresar cómo me siento cada vez que lo necesite. • Dar o recibir un abrazo a diario. • Hablar con mis amigos tres veces a la semana. • Agradecer los regalos que recibo de la vida a diario. • Dedicarme a hacer lo que me apasiona dos veces a la semana (pintar, escribir, jardinería, cantar).	• Estar en silencio por 15 minutos a diario. • Apreciar y contemplar la naturaleza a diario. • Hacer servicio comunitario tres veces a la semana. • Meditación a diario. • Orar a diario. • Ayudar a cuatro personas diferentes en el mes. • Actuar con empatía conmigo mismo cuando cometa un error.

También cuando estés elaborando tu plan de autocuidado, revisa que cosas podrían impedirte llevar a cabo las dos acciones que has escogido para cada una de las áreas y piensa en cuál sería la solución para que tu plan se lleve a cabo independiente de esas situaciones. Por ejemplo:

Plan de acción	Qué te impide llevar a cabo tu plan de acción	Qué solución planteas
Alimentarme saludablemente	Llego muy cansada para prepararme los alimentos que consumiré al día siguiente.	Preparar los almuerzos que consumiré en la semana, los días sábados; porque ese día me siento más descansada. Por lo tanto, tendré que investigar acerca de almacenamiento y refrigeración de los alimentos preparados.

La efectividad del plan que acabas de crear dependerá de ti ya que tú serás el único que lo podrá ejecutar. A continuación encontrarás seis (6) preguntas: las tres primeras puedes formulártelas cuando estés iniciando el plan, de esta manera tendrás una idea clara de dónde estás en este momento con relación al autocuidado; y las tres preguntas finales (de la letra d a la f) te las podrás plantear durante la implementación de tu plan de autocuidado para saber cómo vas en el proceso.

a) ¿Qué tanto tiempo y energía dedicas a cuidarte a ti mismo: mucho, algunas veces, muy poco o nada?

b) ¿Qué áreas necesitas fortalecer para lograr un cuidado integral de ti mismo?

c) ¿Qué nuevas acciones has descubierto que te ayudarán a nutrirte a ti mismo, y que anteriormente no las habías considerado dentro de tu plan?

d) Si pudieras medir tu constancia y consistencia para implementar el plan de autocuidado dentro de una escala de 1 a 5, en donde uno es el menor y 5 es el mayor, ¿qué número te pondrías?

e) ¿Has encontrado alguna diferencia entre cuidarte a ti mismo y no hacerlo? Si la respuesta es afirmativa, ¿Cuál o cuáles?

f) ¿Has notado cambios en tu relación con los demás cuando te cuidas a ti mismo? Si la respuesta es afirmativa, ¿cuál o cuáles?

Como te has dado cuenta, cuidarte a ti mismo es fundamental para que puedas ser una luz y guía para los demás. Adicional a este plan que has creado, también será importante que te tomes el tiempo para sanar todos aquellos sentimientos de dolor, rabia, angustia, culpa o miedo que traes de tu pasado producto de algún tipo de situación que viviste durante la niñez, juventud o adultez y que te siguen haciendo daño y por consiguiente afectan tu relacionamiento con los demás. En la medida en que te liberes de esos sentimientos tendrás una relación más sana y armoniosa con las personas que están a tu alrededor y por ende con tus hijos.

Controlarse: misión posible de aprender

El segundo ingrediente que nos ayuda a relacionarnos de manera respetuosa con los demás es el autocontrol. El autocontrol es la capacidad que tienes de controlar tu cuerpo, tus emociones, tus pensamientos y tus acciones; es la capacidad que tienes de controlar tu vida. Tener autocontrol es todo un arte, que requiere de entrenamiento y de mucha práctica para lograrlo. Diariamente tenemos situaciones tanto con nuestros hijos, como con otras personas que ponen a prueba nuestra capacidad de auto controlarnos y definitivamente podemos marcar la diferencia en una situación cuando actuamos de manera controlada a cuando *"nos salimos de nuestro centro"*. Les comparto el siguiente ejemplo:

Catalina de 6 años llama a su mamá para que la ayude a salir de la tina. La mamá se dirige a sacarla y cuando llega Catalina le dice temblando *"Tengo mucho frío"* y hace resistencia para salir de la tina. La mamá tuvo un día bastante agobiante en su trabajo y no tiene mucha paciencia en este momento para atender los comentarios de su hija.

Así que le dice: *"Ahora, no empieces con este tema otra vez; tú me dijiste que ya te querías salir"*.

Catalina con ganas de llorar, le responde a la mamá *"Pero es que tengo mucho frío"* y empieza a llorar. Ante el llanto de Catalina, la mamá agarra a la niña y la saca inmediatamente de la tina y le dice: *"¡Catalina, hoy estas insoportable; NO más!"* Catalina se pone a llorar más fuerte.

En este ejemplo la reacción de la mamá se sale completamente de todas las proporciones y termina irrespetando a su hija creando un ambiente de desconexión y tensión entre ellas. Ahora te pregunto ¿Cuántas veces has vivido situaciones similares, en donde al menor comentario o comportamiento de las otras personas; reaccionas como si te hubieran *"herido"* en lo más profundo de tu ser y una vez vuelves a tu centro te arrepientes de todo lo que dijiste o hiciste en ese momento?

Creo que todos hemos vivido momentos similares, somos seres humanos y estamos expuestos a situaciones que nos pueden llevar al límite y hacernos reaccionar negativamente. Más allá de darnos golpes de pecho o cargar con sentimientos de culpa, lo que debemos hacer es aprender a conocernos y a plantear soluciones que nos permita abordar las situaciones, en la medida de lo posible, solamente cuando estemos en nuestro centro para evitar dañar o herir a los demás.

A continuación encontrarás algunos pasos que te ayudarán a identificar y prevenir las situaciones que te hacen salir de tu centro y también aprenderás alternativas que te ayuden a volver a tu centro, para entonces abordar la situación.

Identifica aquellas cosas que te molestan y actúa preventivamente

Para empezar, primero te invito a identificar todas aquellas cosas que te molestan, que te hacen "salir de tu centro"… Escríbelas en tu diario.

Ahora vas a pensar en que podrías hacer para prevenir estas situaciones que te generan incomodidad.

A continuación te comparto una tabla con algunos ejemplos acerca de que "Me molesta" y que "Puedo hacer" para que te sirvan de guía y construyas la tuya.

Encontrarás que algunas de las cosas que te molestan pueden ser cambiadas cuando expreses tu incomodidad y te enfoques en soluciones. En otras, te darás cuenta de que no puedes hacer nada para que cambie la situación, pero sí puedes cambiar la forma como tú la asumes y respondes.

Este ejercicio te ayudará a tomar control sobre ti mismo y te permitirá sentirte más tranquilo y más en tu centro cuando te liberes de las cosas que te molestan.

Me molesta que…	Puedo hacer…
Dejen las "cosas" tiradas por toda la casa	Organizar una reunión y pedirles a todo su colaboración para mantener la casa ordenada.
Sean impuntuales	Expresar mi inconformidad y llegar a un acuerdo para que en una próxima oportunidad no vuelva a suceder.
No me escuchen	Hablar con la persona directamente y manifestarle que siento que no me está escuchando y que me haga saber cuándo esté listo para escucharme.
Me toque esperar	Leer un libro o una revista mientras espero. Escuchar música. Contemplar el lugar en donde me encuentro.
Suenen la bocina los carros en un semáforo en rojo	Escuchar la música que me gusta mientras conduzco. Enviarle buena energía a esta persona que ha encontrado en la bocina su única forma de soltar su prisa y ansiedad.

Identifica lo que pasa en tu cuerpo y tómate un tiempo fuera positivo

Podremos prevenir situaciones que nos molestan o que nos incomodan enfocándonos en soluciones, conversando anticipadamente con las personas implicadas, asumiendo nuestra responsabilidad y tomando acciones que nos ayuden a manejarlas. Sin embargo, no dejamos de ser humanos que cometemos errores y que tenemos momentos en los que estallamos y sin tener la intención hacemos daño a los demás, incluyendo a nuestros hijos y hasta a nosotros mismos. Estoy segura de que tú no deseas transmitir un mensaje inadecuado a las personas que amas cuando "reaccionas inadecuadamente". Por eso a continuación vamos a identificar, prevenir y aprender a manejar estas reacciones y de esta manera podremos ofrecer una crianza basada en el respeto mutuo.

Nuestro cuerpo exterioriza todo lo que sentimos dentro de cada uno de nosotros. Por ejemplo:

- Si nos sentimos cansados, nuestros ojos se cierran.
- Si nos sentimos estresados, puede que nos duela la cabeza, que suframos del colon o de dolores crónicos, o que sintamos opresión en nuestro corazón.
- Si nos sentimos molestos, puede que nuestro rostro se tense y lleguemos a fruncir el ceño.

Obsérvate e identifica aquellas sensaciones que sientes en tu cuerpo cuando estás llegando al límite, o te sientes agotado o molesto. Esto te permitirá crear consciencia de tus reacciones físicas antes de perder el control ante aquellas situaciones que te molestan y podrás actuar de manera preventiva tomando medidas que te ayuden a sentirte mejor. Entonces, te invito a generar una lista de ideas, con todas aquellas cosas que te ayudarían a calmarte o a conectarte con tu centro cuando tengas estas sensaciones en tu cuerpo. Escríbelas en el diario.

Te comparto algunas ideas: escuchar música, respirar profundo, contar hasta 10 o 100 si es necesario, observar la naturaleza, caminar, hacer un movimiento con el cuerpo, bailar, gritar al infinito, descalzarse y tocar la tierra, irte a otra habitación, escribir, dibujar, tomar un vaso con agua, comerte algo saludable que te guste, etcétera.

De aquí en adelante ten presente tu lista, y cuando empieces a sentirte agotado, molesto o que vas a perder el "control", sencillamente toma una de estas ideas que acabas de escribir y llévala a la práctica. Notarás como después de emplear estas acciones, poco a poco, te empiezas a reconectar contigo mismo y con los demás, manejando las situaciones que se te puedan presentar en el día desde una perspectiva más saludable para todos.

Ten presente que cuando estás en este estado de "descontrol" sacar la lista y ejecutar alguna de las ideas no te tomará más de 5 minutos y sí te podrá traer grandes beneficios, como liderar a tu familia bajo el lema del respeto mutuo y fomentar las habilidades de vida que quieres para tu hijo.

Ahora puede que estés pensando... "Está bien me quedó claro: saco la lista que hice, escojo una de las acciones y logro calmarme en esta situación; pero eso no va a suceder siempre y voy a tener momentos en que no habrá *lista* que ayude y voy a explotar".

Te comprendo, pero te aseguro que en la medida en que trabajes consistentemente en tu autocuidado, lograrás tener mayor autocontrol y, adicionalmente, te sentirás con mayor disposición para manejar los desafíos que se te presentan en el día a día. Así mismo, en la medida en que trabajes en tu autocontrol lograrás conectarte más rápidamente con tu ser racional, permitiéndote manejar con mayor asertividad las situaciones que se te presentan. Tomará tiempo y práctica interiorizarlo, pero valdrá la pena la inversión que hagas en este aprendizaje ya que estarás evitando reaccionar negativamente cuando te sientes molesto o dolido.

Sin embargo, esto no quiere decir que seamos perfectos y que no tendremos momentos en que *estallaremos* ante situaciones desafiantes o con las que estamos en desacuerdo. Por lo tanto, más allá de caer en sentimientos de culpa por las acciones realizadas o las palabras expresadas inadecuadamente; tendremos que buscar el camino de la reconciliación y la reparación por el error cometido. Para ello, te comparto los cuatro pasos (de acuerdo con Nelsen, 2009, p. 41) que te ayudarán a aprovechar los errores como oportunidades de aprendizaje.

Las 4 Rs de los errores

1. Recogerse: es el primer paso y consiste en tomarnos el tiempo que necesitamos para volver a nuestro centro, para calmarnos, para conectarnos con nosotros mismos.

Para recogerte, te ayudaría tomarte un tiempo a solas, o también podrías llevar a la práctica las ideas que habías escrito previamente cuando hablamos de qué hacer para autocontrolarnos.

2. Reconocer: es el segundo paso y podremos acceder a él una vez estemos en nuestro centro. Será en ese momento donde tendremos la capacidad de ver lo ocurrido como cuando estamos viendo una película y de esta manera darnos cuenta de cómo nuestras acciones afectaron a los demás, reconociendo y responsabilizándonos por el error cometido. Ejemplo: *"Fue un error tratar de hablarte cuando aún estaba alterada por la situación". "Me equivoqué al suponer lo que había pasado, sin haberte escuchado primero".*

3. Reconciliarse: es el tercer paso y consiste en tener un gesto de reconciliación con las personas que han sido afectadas por el error. Una de las formas más conocidas para reconciliarnos con los demás es pidiendo disculpas desde el corazón, o tener un gesto de amabilidad con el otro. Algunos ejemplos de reconciliación puede ser estrechar la mano o dar un abrazo, pedir disculpas, o escribir una carta disculpándose por el error cometido.

4. **Resolver-reparar:** cuarto y último paso. Para llegar a él debimos haber tenido en cuenta los anteriores pasos ya que de esta manera podremos estar todos listos y dispuestos para llegar a una solución que nos ayude a que el error no se vuelva a repetir; o a encontrar la forma de reparar algo que ha sido dañado como producto del error. Entonces será importante generar un espacio en donde participen todas las personas que han resultado afectadas por el error y entre ellas discutan acerca de las posibles soluciones para manejar la situación, si se volviera a presentar en un futuro.

Puede que hayas crecido dentro de un ambiente en donde el error se convertía en un motivo de juicio, crítica o burla y esta situación puede determinar la forma como te aproximas a ellos en tu cotidianidad. Revisa cuáles son las reacciones dentro de la familia cuando se comete un error: ¿será que se busca un culpable o que se enfocan en soluciones? ¿o será que inmediatamente se exige pedir disculpas a quien cometió el error?

Te comparto esta pequeña historia, que puede sonarte familiar:

Un día estaban jugando Marcos y Juan Camilo en casa. Después de una hora de juego se escucha la voz de Juan Camilo, en medio del llanto, diciendo que

su amigo le ha quitado el juguete. Inmediatamente la reacción de la mamá fue decirle a Marcos que le *"devolviera el juguete y le pidiera disculpas"*. Seguidamente Marcos hizo lo que el adulto le había solicitado. Horas después otra de las mamás que estaba presente en la casa se acercó a preguntarle a Marcos si sabía porque había pedido disculpas; cuya respuesta fue *"porque mi mamá me dijo"*.

Situaciones como éstas se pueden presentar en la cotidianidad cuando se le exige a los niños, niñas y hasta a los adolescentes que pidan disculpas sin invitarlos a recogerse, reconocer, reconciliarse y resolver. De esta forma, se pierde la oportunidad de aprender del error y se genera una alta posibilidad de volverlo a cometer. Por ello, continuamente escuchamos a los adultos decir *"pero porque no aprendes, si ya te he repetido mil veces que eso no se hace".*

También los niños, niñas y adolescentes cuando cometen un error basado en las reacciones de los adultos pueden tomar la decisión de mentir por miedo a los efectos que pueda traer decir la verdad.

En cambio, cuando un niño, niña o adolescente crece dentro de una familia en donde compartir un error es tomado como una oportunidad de aprendizaje, le resultará más fácil expresarlo y responsabilizarse de él. Para generar este ambiente de confianza y empatía frente a los errores, dentro de la familia comparte con ellos un error cuando te suceda y pídeles sus ideas para que el error que cometiste no te vuelva ocurrir. También cuando alguien en casa cometa un error, modela empatía y ofrécele buscar soluciones para que el error no se repita. Piensa en las habilidades de vida que estarás motivando en tu hijo llevando a la práctica este principio (anótalas en tu diario); adicionalmente notarás como se genera un ambiente de armonía y empatía dentro de tu familia cuando se equivocan.

Eres una persona que cometes errores, como todos los seres humanos y también eres un ser que tiene la posibilidad de transformar el error como una oportunidad de aprendizaje.

Más allá de memorizarte los pasos, lo que necesitas es interiorizarlos en tu vida; ser empático contigo mismo y con los demás cuando sucedan los errores; y aprovecharlos al máximo enfocándose en soluciones para que haya efectivamente un aprendizaje y crecimiento a través de ellos.

Finalizo recordándote que tu labor es fundamental en esta sociedad y que lograrás ser transmisor de una educación basada en el respeto mutuo cuando interiorices que cuidarte a ti mismo no es una OPCIÓN sino un DEBER que tienes contigo y con los que están a tu alrededor. Porque en la medida en que estés bien, tendrás mayor disposición para manejar las situaciones que se te presentan en el día a día con tu hijo. También te permitirá tener consciencia de que a través de tus acciones tu hijo está aprendiendo las habilidades que necesita para ser feliz y exitoso dentro de su contexto.

Viajando
sin ser visto

Alguna vez te has puesto a pensar cómo sería realizar un viaje en donde las personas que están a tu alrededor parecieran no notar tu presencia... En donde caminas y los demás te tropiezan porque *supuestamente* no te ven. O cuando hablas y haces preguntas recibes como respuestas evasivas o se hacen los sordos ante tus comentarios... ¿Qué estarías dispuesto hacer para ser visto? ¿Qué estarías dispuesto hacer para ser escuchado?

Como te comentaba al principio de nuestro viaje, el ser humano es por naturaleza un ser "social" y tiene una necesidad básica de pertenecer y sentirse importante dentro de su contexto. Sentir pertenencia es sentirse conectado, aceptado, y ser parte de un todo. La importancia o significado se derivan de sentirse único, diferente y especial. Cuando esto no sucede, el individuo busca otros mecanismos para sentirse *visible* en su comunidad.

Te pregunto: ¿Qué haces cuando hablas y no te sientes escuchado? Seguramente hablas más fuerte; y si aún no te escuchan, pues hablas más fuerte hasta que de pronto tengas que alzar tanto tu voz, que parece que estuvieras gritando. O también puedes decidir "callarte" y no compartir más tus pensamientos con estas personas.

Te pregunto: ¿Qué harías si notas que llevas una hora haciendo una fila para ingresar a una obra de teatro, y de repente ves que una persona que acaba de llegar la dejan pasar primero que a ti?

Quizás sientas mucha rabia y decidas irte a quejar con el administrador porque consideras que esto es completamente injusto.

Puede que la forma como reaccionas ante los ojos de los demás no sea las más adecuada; pero al final es la única forma como sientes que recuperas el sentido de pertenencia e importancia perdido.

Situaciones similares a éstas se podrían presentar a diario en nuestras casas, en donde nuestros hijos se comportan de una manera inadecuada porque han encontrado que de esta manera son escuchados o vistos; en pocas palabras, visibles para nosotros.

Por ejemplo, te ha pasado que estás hablando por teléfono y tu hijo te pide algo mientras estás sosteniendo la conversación y le dices que espere un momento; pero él vuelve y vuelve y te repite más de 3 veces lo mismo, hasta que tu explotas y le dices *"es que no ves que estoy hablando por teléfono"*.

Otro ejemplo. Llegas a casa corriendo y tu hija de cinco años está feliz jugando en la sala de la casa y le dices que se apure que tiene que acompañarte a hacer una vuelta de banco y tu hija se rehúsa a ir y te dice *"no, mamita yo no quiero ir"*. A lo que tú le respondes: "Camila, es que no hay opción, *vístete rápido que nos vamos"*. Camila sigue resistiéndose y te toca tomarla fuerte del brazo para que salga de la casa.

Un último ejemplo. Es la hora de irse a acostar y tu hijo de ocho años aún está sin ponerse la pijama y revolotea por toda la casa como si fueran las 9 a.m. Lo llamas y le dices *"Juan, ya es hora de acostarse; así que ponte la pijama"*. El niño hace como si no te escuchara. Tú vuelves y le repites y él sigue sin prestarte atención. Hasta que le metes un grito y le dices que hoy no lo acompañarás acostarse que lo hará él solo. Él te responde *"pues, a mí ni me importa, además que ni me gusta que tú me acuestes"*.

Aunque te parezca un poco descabellado, lo que está detrás del comportamiento inadecuado de estos niños son un grito desesperado por expresarte "soy un niño y quiero pertenecer" pero no saben cómo hacerlo. Estas reacciones de ellos te están pidiendo que lo notes, que lo tengas en cuenta, que lo involucres y que le hagas participe tu vida. En pocas palabras, que lo ayudes a sentir que pertenece y que es importante.

Rudolf Dreikurs nos hablaba de cuatro metas erradas en las que cae el individuo cuando no encuentra esta pertenencia y significado: Atención indebida, Poder, Venganza e Ineptitud asumida. Aunque no hablaré de estas metas erradas en este libro[6] sí veremos más adelante en este capítulo la forma como actuar preventivamente y ayudar a que nuestros hijos e hijas sientan que pertenecen y que son importantes.

Te invito a que pienses en una persona que te hacía sentir que tú eras importante para ella. Acuérdate de las experiencias que pasaban juntos, de las acciones y de palabras que te expresaba esta persona... Escribe en tu diario esas acciones y esas palabras.

Te comparto algunas de las acciones que los padres, madres y educadores me han expresado en los talleres acerca de qué los hacía sentir importantes a ellos:

• Abrazos.
• Besos.

---

[6] Para mayor información acerca de las metas erradas puedes consultar la serie de libros de Positive Discipline que pueden ser adquiridos a través de la página de Jane Nelsen www.positivediscipline.com

- Los acompañaban a tomar el desayuno y en otras actividades del día.
- Cocinaban juntos.
- Los escuchaban.
- Salir a caminar en las tardes.
- Jugar juntos.
- Les contaban historias.
- Confiaban en sus capacidades.
- Los aceptaban como eran.
- Compartían tiempo con ellos.
- Querían conocer su opinión acerca de las cosas.
- Les preguntaban cómo se sentían.
- Se levantaban en las noches a darles algún medicamento.

Estas acciones que acabas de escribir te enviaban un mensaje consistente que le importabas a esa persona y eso seguramente hacía que tu quisieras pasar tiempo con ella e igualmente que estuvieras dispuesto a escuchar sus opiniones o ideas cuando esta persona tenía algo que comentarte o recomendarte. Tú sentías que pertenecías.

Según Becker-Weidmen, el vínculo es un término general que describe el estado y calidad en que un individuo está unido a otro. Para poder guiar a nuestros hijos e hijas por el camino de la vida será necesario que hayamos creado este tipo de conexión con ellos. Una relación en donde nuestros hijos se sientan amados incondicionalmente, seguros, confiados y respetados. Para lograrlo, tendremos que realizar acciones para construir y fortalecer el vínculo diariamente.

El primer lugar en donde el individuo establece un vínculo es en la familia. Somos los padres quienes ofrecemos la plataforma necesaria para que el niño, niña y adolescente crezca emocionalmente saludable y desarrolle las habilidades que necesita para prosperar dentro de su entorno. Es en la familia en donde el niño, niña y adolescente cubre sus necesidades básicas que le permiten generar seguridad y confianza en el mundo. Es en la familia en donde el individuo primeramente busca cubrir su necesidad de sentir que pertenece y que es importante. Posteriormente, serán en otros contextos en donde buscará cubrir esta necesidad; como sus amigos, pareja, colegio, trabajo, etc.

A continuación exploraremos los *cuatro pilares,* como los llamo yo, que mencionan Lott, Intner & Mendenhall (1999), que fomentan el sentido genuino de pertenencia y significado; los cuales podrás implementar en todos los espacios en donde te relacionas, ya que la necesidad de sentir pertenencia es común a todos. Aunque no podremos estar seguros de que el otro *sentirá* esa pertenencia; sí podemos ofrecer el espacio y valorar su presencia.

Reconocimiento

Es la necesidad que tienes de sentirte apreciado y aceptado por lo que eres. Es sentir que los demás te tienen en cuenta, te incluyen, te involucran.

Es sentir que tú también haces parte de este viaje, que eres visible para los demás y que no tienes que enviar *señales de humo* para que ellos se den cuenta de tu existencia.

Hay varias maneras para incentivar el pilar del reconocimiento en casa, y a continuación te contaré algunas acciones que podrás implementar tanto con los miembros de tu familia como con tus compañeros de trabajo, empleados, amigos, pareja, etcétera.

Apreciar y agradecer

Las apreciaciones o agradecimientos se expresan cuando reconoces en el otro, sus virtudes, progresos y colaboración. Cuando aprecias y agradeces te estás enfocando en las acciones positivas que hacen los demás. Para fomentar el reconocimiento en casa será importante que prestes atención a todas esas acciones que hacen los demás y se las reconozcas. Por ejemplo:

Con la pareja

"Amor, gracias por sacar tiempo de tu trabajo y llamarme a preguntar cómo he estado en el día de hoy".

"Amor, gracias por hacerte responsable de la casa, cuando estuve de viaje. Pude realizar mi trabajo con la tranquilidad de que mis hijas estaban bien".

"Aprecio la importancia que le das a lo que te digo y que me escuchas atentamente". "Aprecio que me dedicas tiempo antes de dormirte". "Gracias a ese chocolate caliente que me hiciste se me quito el frío".

A los hijos

"Hija, gracias por ayudarme a organizar la cocina. Rinde más cuando el trabajo se hace entre las dos".

"Gracias por estar pendiente de actualizarme mi lista de canciones, logro estar sintonizado con la música de hoy".

"Gracias por enviarnos información de ideas para vacaciones, nos motiva a hacer planes en familia".

"Gracias por despertarte en las mañanas con tan buen humor, hace que el día fluya mejor para todos".

En el trabajo

"Camilo, gracias por involucrarme en la definición de este proyecto, siento que puedo aportar al desarrollo de la compañía".

"Aprecio que me des retroalimentación clara y con ejemplos, me permite entender mejor la situación".

"Agradezco tu sentido de colaboración con el grupo, nos permite que en los momentos de crisis salgamos adelante con resultados positivos".

Entre hermanos

"Hermanita, gracias por acompañarme a dormir y leerme el cuento hoy en la noche".

"Hermanito, gracias por prestarme tus juguetes".

En el colegio

"Noto que has avanzado bastante en la lectura. ¿Qué hiciste para lograrlo?".

"Valentina, gracias por llamar a tus compañeros para que ingresaran al salón. Logramos iniciar la clase a tiempo y trabajar en lo que habíamos presupuestado".

"Gracias a todos por recibirme con el salón de clase ordenado y dispuestos a realizar el trabajo que teníamos para hoy".

Como te das cuenta, el arte de agradecer es resaltar esas cosas que parecen pequeñas pero que al final no lo son tanto, ya que impactan tu vida y la de los demás de manera significativa.

Tómate el tiempo y piensa que le apreciarías a cada uno de los miembros de tu familia. Escríbelas en tu diario. Ahora te invito a que generes un espacio en el día en donde todos se reconocen mutuamente esas acciones que sienten que les generaron bienestar.

Puede que al principio se sientan todos un poco extraños generando este tipo de momentos, pero poco a poco se darán cuenta como se vuelven más hábiles haciéndolo y adicionalmente, notarán como el ambiente en casa se transforma y se vuelve más armónico cuando todos se sientes *reconocidos*.

Todos en familia pueden ser parte de este espacio, inclusive "los niños y niñas de tres años de edad", porque aunque ellos no puedan expresar con sus palabras lo que reconocerían en los demás, aprenden a buscar otras alternativas para expresar ese agradecimiento, como a través de un abrazo, un beso, un dibujo, una sonrisa o sencillamente estando atentos a ese momento. Tu modelamiento les enseñará la importancia de darse apreciaciones entre todos.

Cuando empieces a practicar este ejercicio y notes que a los demás les resulte difícil reconocer algo en los demás; puedes ayudarlos haciendo preguntas específicas que le permita al otro identificar que puede apreciar. Por ejemplo: ¿Qué hizo tu hermano o tu papá hoy por ti? , ¿Quién te acompañó al paradero el día de hoy? Cuando respondan la pregunta, puedes decirle "observo que tienes algo para reconocerle a tu papá, podrías decirle a papá: "Papi, gracias por acompañarme el día de hoy".

Reconocer los progresos

Es reconocer los progresos o avances que hacen los demás en los diferentes aspectos de su vida. Para lograr reconocer estos progresos, deberemos estar presente durante el proceso, y conocer cuáles eran sus puntos a mejorar. Por ejemplo:

Con los hijos

"Hijo he notado como has mejorado la forma de expresar lo que piensas y sientes".

"Hija he notado como te enfocas en soluciones cuando estás con tus amigos y no en buscar quien es el culpable de la situación. Muy bien por ti".

Con la pareja

"He notado como ahora cuando estamos conversando, estas 100% presente durante la conversación". "Amor, noto como en las reuniones con nuestros amigos logras ser un buen anfitrión haciendo que todos pasen un buen momento en nuestra casa".

En el colegio

"Pablo, con relación al problema que tenías el mes pasado de cumplimiento con los trabajos, he observado que has logrado entregarlos a tiempo y con una buena calidad en la presentación".

"¿Qué notas de diferente en esta tarea con relación a la anterior que me habías presentado?".

Incluir

Cuando incluimos a los demás en nuestras vidas significa tenerlos en cuenta y hacerlos partícipes de nuestras decisiones, pensamientos y acontecimientos.

Una forma de incluir a tu familia en tu vida es compartirle las cosas que te pasan durante el día. También los involucras cuando les pides su opinión acerca de alguna decisión personal o acerca de alguna decisión en la que la familia se verá afectada, como por ejemplo: las vacaciones, u otras formas para generar espacios juntos en familia.

Tiempo de calidad

Dedicar tiempo de calidad es otra forma que tenemos para reconocer que la otra persona nos importa y que es especial para nosotros. Te recomiendo que programes tiempos especiales con las personas que amas, para que de esta manera sucedan estos espacios; y que ese tiempo sea único para los dos, en donde disfrutan juntos de la actividad que realizan, estando atentos y presentes en el momento.

Esos tiempos especiales que se organicen deben responder a los diferentes intereses y gustos que puedan tener los miembros de la familia y por lo menos deben programarse una vez por semana. Dales la importancia que tienen para ti y no permitas que nada, ni nadie interrumpa esos momentos.

Jueves de pareja

Te invito a que escojas cualquier día de la semana para estar con tu pareja y pasar un rato juntos. Puedes ir a un parque, salir a tomarte un café, ir a un cine, salir a comer a un restaurante, caminar y apreciar la naturaleza.

Martes de hijos

Puedes escoger el día que consideres y aprovéchalos para estar con tu hijo o hija; haciendo cosas divertidas entre los dos, como jugar, cocinar, salir al parque, etcétera.

Noches en familia

Puedes incluir dentro de ese tiempo especial, la hora de irse a la cama de tus hijos, y que en ese momento compartan los sucesos interesantes, significativos que tuvieron en el día y luego finalizan contando un cuento construido entre todos.

Durante este tiempo especial y de calidad crea momentos únicos con tu familia. De tal manera que cuando crezcan o ya no estén a lado tuyo, el solo recuerdo los haga sonreír.

Para finalizar este pilar te comparto otras formas sencillas para practicar en familia el *reconocimiento*. Tú también puedes adicionar las acciones que sientes que están ayudando a fomentar este pilar en casa:

- Aceptar y respetar a cada uno de sus miembros como seres únicos e irrepetibles.
- Mostrar interés en lo que hacen los demás, haciendo preguntas curiosas. Por ejemplo: ¿Cuéntame cómo te ha ido con tu proyecto?, ¿hijo, pudiste hablar con tu amigo?, ¿qué tal estuvo tu día?, etcétera.
- Saludarse en las mañanas y despedirse en las noches antes de acostarse.
- Fomentar conversaciones en donde cada uno de los miembros comparta las experiencias que vivieron durante el día.

Poder

Es la necesidad que tienes de sentir que puedes controlar tu vida. Es sentir que tienes el poder de impactarla a través de las decisiones y las elecciones que tomas. Es sentir que puedes contribuir dentro de tu contexto.

Cuando el individuo siente que carece de poder se revelará ante todo aquello que sienta que le reprime su necesidad de participación, elección y/o de decisión. Algunas formas inadecuadas de uso de poder se presentan cuando imponemos, gritamos, amenazamos, castigamos, damos premios para lograr lo que queremos.

Te pido que en este momento imagines que estás sentado en tu escritorio y te llama tu jefe para hablarte

Jefe: ---"Tengo este proyecto para ti y debes terminarlo en una semana".

Tú: ---"Jefe y acerca de que se trata".

Jefe: ---"No vamos a perder el tiempo ahora con explicaciones. Léelo, que ahí están las indicaciones de lo que debes hacer cada hora durante la semana para finalizar el proyecto de acuerdo al tiempo que he presupuestado".

Tú: ---"Jefe, pero es que yo estoy haciendo otros proyectos que usted mismo me encargó, no creo que lo logre".

Jefe: ---Mirando por encima de sus lentes, te dice: "Te pregunto algo: ¿Quién es el jefe y quién manda acá?"

Tú: ---"Pues usted, señor, pero yo tengo que decirle en que estoy para".

El jefe interrumpe tu conversación y te dice:

---"Por mi parte la conversación ha finalizado, y si no lo quieres hacer te atendrás a las consecuencias. Hay una fila de personas esperando ocupar tu puesto".

Ahora, te pido que vuelvas al mundo real.

¿Cómo te sentirías con un jefe de estas características? Puede que un poco molesto y que desearas revelarte y no llevar a cabo el proyecto que te ha encomendado.

Situaciones como éstas pueden ocurrir también dentro de las familias. Te comparto un ejemplo:

Son las 6 a.m. y empieza el día para Camila de 5 años, quien inicia su rutina con las órdenes que le dice su mamá: "Hija, levántate rápido", "Te va a dejar el autobus", "Ven a desayunar", "Lávate los dientes", "Apúrate que no tienes todo el día", "Ve y busca tu maleta", etc.

La mayoría de las veces la respuesta de Camila es de completa rebeldía y aunque la mamá emplea diferentes recursos para que la niña logre salir de casa a tiempo, termina en ocasiones gritándole u obligándola a hacer las cosas.

Si estuvieras en los zapatos de Camila, ¿cómo te sentirías? ¿Qué tan dispuesto estarías a hacer lo que te ordena tu mamá?

Lo que está pidiendo Camila a través de su *"rebeldía"* es que le permitan participar, que le den opciones y que ella también puede tomar decisiones.

En el caso de Camila, la mamá en un momento diferente –cuando no haya conflicto- podrá tener una conversación con su hija invitándola a crear juntas un cuadro de rutinas para que las mañanas fluyan de una manera diferente. La mamá permitirá que Camila diseñe el cuadro de rutinas de acuerdo con su gusto; ya sea con dibujos hechos por ella, o con recorte de revistas, o también con fotos de la niña haciendo la acción que corresponde a la rutina. Por ejemplo: una foto de Camila lavándose los dientes, otra tomando su desayuno, etcétera.

Una vez organizada la rutina se llevará a la práctica. La mamá podrá hacerle seguimiento a esta rutina haciéndole preguntas curiosas que inviten a Camila a darse cuenta por sus propios medios qué es lo que le corresponde hacer en las mañanas. Por ejemplo: Camila, ¿qué sigue en tu cuadro de rutinas después de lavarte los dientes?

Cuando la mamá invita a Camila a participar de la creación de su propia rutina, se gana la cooperación de su hija haciéndola sentir genuinamente que ella hace parte de su familia, que su opinión es importante y que a través de su participación puede afectar positivamente su día.

Como bien lo decía Dreikurs R. & Soltz (1990) *"es mejor hacerse a un lado ante una lucha de poder y ganarse la cooperación, en lugar de tratar de forzar las cosas para que sucedan".*

La mamá, antes de emplear la rutina, caía en una lucha de poder con su hija; y aunque podrían existir mañanas en donde la mamá era quien *ganaba la pelea,* esto era una victoria temporal porque la niña igualmente buscaba otros momentos o situaciones para reclamar su derecho a *poder* decidir y participar.

Así como Camila, todos necesitamos sentir que pertenecemos y que somos importantes dentro de nuestro contexto. Una forma de fomentar ese sentido de pertenencia es a través del pilar del poder de participación, decisión y elección que brindamos en casa y que igualmente podemos implementar en los diferentes contextos en donde nos relacionamos.

Hacer preguntas

Las preguntas son una forma que tienes de respetar *el poder* que tiene la otra persona de elegir, decidir y participar.

Como padres, madres y educadores puede que resulte más fácil, debido a los *afanes* del día o por diferentes razones, decirles qué y cómo deben actuar nuestros hijos o hijas e incluso podemos resultar haciendo las cosas por ellos.

También hacemos uso de un conjunto de órdenes y en ocasiones, podemos caer en la típica *cantaleta* cuando sentimos que no hicieron lo que pedimos o sugerimos.

En lugar de decir qué y cómo deben actuar las demás personas, incluyendo a nuestros hijos e hijas, podemos aprovechar las distintas situaciones para realizar preguntas que los inviten a la reflexión y a la participación.

Te comparto a continuación algunos ejemplos de preguntas que se pueden realizar en lugar de dar órdenes:

En lugar de decirles		Puedes preguntar
Hijos	- Siéntate, es hora de hacer tus tareas. - No pelees con tus amigos, nadie va a querer jugar contigo después.	- ¿Qué necesitas para sentarte hacer la tarea? - ¿Cómo puedes hacer para expresar lo que piensas sin tener que pelear con tus amigos?
Pareja	- Tenemos reunión donde Julia. Llega a las 7 p.m.	- Tenemos reunión donde Julia a las 7 p.m. ¿Qué podemos hacer para llegar a tiempo a la reunión?
Colegio	- Si no entregas la tarea, te sacarás una mala nota. - Eso que vas hacer no te va a funcionar.	- ¿Qué plan tienes para lograr entregar la tarea a tiempo? - ¿Cuáles son tus ideas para resolver este problema?
Trabajo	- Tienen que entregar el proyecto el 25 de este mes.	- ¿Qué ideas tienen para que logremos entregar el proyecto el 25 de este mes?

Cuando preguntas, debes tener un interés genuino de querer conocer lo que los demás piensan acerca de la situación. Cuando hacemos uso de las preguntas esperando escuchar como respuesta lo que nosotros consideramos "debería ser" generamos distancia en la relación, vulnerando el derecho a opinar y a decidir de la otra persona.

Realizar preguntas invita a que los demás reflexionen acerca de sus propias decisiones y opciones, sin tener que decirles qué es lo mejor que creemos para ellos.

Como padre, madre y educador que eres, tienes experiencia y sabiduría que hace que muchas veces, sepas lo que va a suceder, de acuerdo con la decisión que ha tomado tu hijo. Es como si vieras el futuro. Seguramente más de una vez, te has sentido tentado a decirle cuál debería ser su decisión. Cuando te llenas de fuerzas y se lo expresas, te encuentras con que más rápido tu hijo hace todo lo contrario de lo que le has recomendado. ¿Te ha pasado? A través de esta rebeldía, tu hijo manifiesta su inconformidad por perder su poder de decisión y elección.

En lugar de quedarte callado o de decirle que la decisión que está tomando es equivocada de acuerdo con tu perspectiva y/o experiencia, puedes tener una conversación desde el corazón con tu hijo y hacerle preguntas que lo inviten a reflexionar acerca de los efectos de sus decisiones y si es lo que él realmente quiere para él.

Te comparto la experiencia en donde una familia a través del buen uso de las preguntas invitó a su hija a reflexionar acerca de las posibles consecuencias a donde la llevarían sus acciones. Sofía, de 14 años, estaba en una fiesta bailando con sus amigos. Los padres tuvieron la oportunidad de participar de la fiesta y observaron como la forma en que bailaban los chicos entre ellos era insinuante y poco apropiada para la edad. Aunque estos padres hubieran preferido detener el baile y llevarse a su hija de la fiesta, sabían que esto podría causar mayor rebeldía y una actitud a la defensiva por parte de su hija. Así que tomaron la decisión de quedarse en la fiesta y esperar el momento oportuno para tener una conversación con su hija. Luego de unos días, se sentaron a conversar con ella acerca de la fiesta y le compartieron lo que ellos habían observado. Le preguntaron acerca de lo que ella pensaba de este tipo de bailes, cómo observaba que bailaban sus amigas, las posibles consecuencias que podía tener esta forma de intimar con los chicos, y qué soluciones planteaba ella para manejar este tipo de bailes cuando ella no quisiera tenerlos en las fiestas. Sofía estuvo dispuesta y después de reflexionar acerca de las preguntas, les comento a sus padres que no había caído en cuenta de los efectos que podía tener el baile.

Las preguntas curiosas también invitan a que los demás reflexionen sobre lo que están haciendo. A continuación te muestro un ejemplo de cómo una niña a través del uso de preguntas invita a razonar a su amiga frente a la forma como estaba actuando con ella:

Antonia de tercer grado, agrede constantemente a su compañera Juanita diciéndole frases como: "tú eres gorda", "eres lenta para correr".

Juanita como respuesta a las groserías que le decía su compañera y teniendo en cuenta que dentro de su colegio le han enseñado a usar las preguntas curiosas como una forma de invitar a reflexionar a los demás, decidió conversar con Antonia formulándole las siguientes inquietudes:

- *¿Cómo crees que me siento con las cosas feas que me dices?*
- *¿Tú cómo te sientes con lo que me dices?*
- *¿Tú crees que quiero que me sigas diciendo eso?*

Antonia comprendió a través de estas preguntas cómo se sentía su compañera, y le ofreció disculpas comprometiéndose a no volver a decirle esas cosas que la hacían sentir mal.

Hacer uso de las preguntas cuando queremos genuinamente conocer lo que la otra persona piensa es una muestra de confianza en la capacidad del otro de *poder* aportar a la comunidad a través de sus ideas. Así mismo, es una muestra de respeto hacia el poder que tiene el individuo de tomar decisiones y elecciones que sean acordes a lo que esta persona considera importante o quiere para su vida. Cuando usas las preguntas le están diciendo a la otra persona que te importa lo que piensa. Esto le hace sentir al otro que pertenece y que es importante.

Te comparto algunas preguntas abiertas que puedes hacer de acuerdo con la situación para incentivar el *poder* en los demás:

- ¿Qué plan tienes?
- ¿Cuéntame acerca de tu idea?
- ¿Qué sucede si tomas esa decisión?
- ¿Cuáles serán los resultados de estas acciones?
- ¿Cómo puedes ayudar en este momento?
- ¿Qué haces una vez terminas de jugar?
- ¿Cómo sucedió?
- ¿Qué fue lo que paso?
- ¿Qué viene en tu rutina, una vez terminas de cenar?
- ¿Cómo vas a invertir tu tiempo, mientras yo estoy trabajando?
- ¿Qué vas hacer?
- ¿Cómo te sientes?
- ¿Qué opinión tienes acerca de..?
- ¿Qué has observado de la situación?
- ¿Esta decisión está acorde con lo que quieres para ti?

Opciones limitadas

Las opciones limitadas también son otra forma de respetar el *poder* que les corresponde a los demás.

Desde que los niños y niñas están pequeños podemos brindarles opciones limitadas para que ellos tomen decisiones acordes con su edad. A medida que van creciendo, podemos ampliarles el ámbito de opciones para que ellos vayan desarrollando su poder de decisión y elección.

Cuando los niños y niñas crecen en ambientes donde aprenden el *poder* de sus decisiones, a futuro serán adultos capaces de tomar sus propias decisiones y asumirlas.

En lugar de decirles, "Te deje la ropa que te vas a poner sobre tu cama", puedes ofrecerle dos opciones, "¿Cuál de estas dos opciones de vestido prefieres usar el día de hoy?".

En lugar de decirles, "Mira este programa de T.V", puedes decirle "¿Cuál de estos dos programas prefieres ver en este momento?".

Cuando se les da a los niños, niñas y adolescentes la oportunidad de elegir, hay mayores probabilidades de llevar a cabo ese plan en el que ellos mismos participaron y decidieron.

Es importante que cuando ofrezcas alternativas te sientas cómodo con ellas, para que cualquier decisión que tome tu hijo genere tranquilidad y no mayor estrés al momento. Por ejemplo:

> Juana, cuál de estas opciones eliges: ir a donde tus abuelos en la tarde o prefieres ir a cine? Juana te responde muy emocionada *"Yupi! Quiero ir a cine"*.

En este caso puede que la mejor opción para ti sea ir donde los abuelos y no a cine. Entonces no ofrezcas la opción del cine como alternativa. En su lugar puedes darle opciones diferentes en donde se sienta tenida en cuenta e igualmente participe del plan: *"Juana, nos vamos a donde los abuelos, ¿cuáles de los juguetes llevarás contigo el día de hoy?"*.

En la cotidianidad se nos presentan diferentes situaciones en donde podemos darles opciones a nuestros hijos para que ellos elijan. Puede que para nosotros sea insignificante darles opciones frente a con que prefieren jugar, que programa de T.V quieren ver, o que ropa eligen usar en el día; pero para ellos es la oportunidad que tienen de practicar su *poder* de elección.

Entre más los involucres a través de preguntas, les des opciones para que elijan; más los estarás invitando a que sientan que hacen parte de la familia; y adicionalmente te ganarás su cooperación.

Ganarse la cooperación

Ganarse la cooperación es compartir el *poder* con los demás. Es unir fuerzas para hacer lo que se necesita hacer en una situación y además lograr un gana-gana.

Caemos en luchas de poderes cuando alguno intenta imponer su criterio y/o cuando alguna de las dos personas se siente incomprendida o no tenida en cuenta dentro de una situación.

Más allá de tener una técnica para ganarte la cooperación de los demás en las diferentes situaciones que te puedan presentar, lo que necesitas es:

* Incluir a las personas y tenerlas en cuenta.
* Interesarte por conocer sus ideas y aportes.
* Escuchar sus opiniones y/o sugerencias para la situación.
* Ser empático con los sentimientos y situaciones de los demás.
* Enfocarte en lo que se necesita hacer en una determinada situación buscando el beneficio de todos.

Veamos ahora dos ejemplos que nos muestren como se puede caer en una lucha de poder con los demás y como se puede ganar la cooperación de los otros cuando son tenidos en cuenta.

Ejemplo 1

Isabella de 6 años se encontraba en casa de su amiga Lorena. Habían pasado una tarde espléndida. Cuando llegó la hora de irse, la mamá llama a Isabella y le dice *"Hija nos tenemos que ir, ayuda a Lorena a recoger los juguetes"*. Isabella parecía no escuchar y seguía jugando. Hasta que su mamá un poco desesperada por irse le dijo *"Hija, cuántas veces tengo que llamarte para que me escuches"*. Isabella la miró sin responderle y empezó a caminar hacia la salida, hasta cuando encontró una hermosa pecera llena de pececitos de colores y se quedó inmóvil observándola. Este último comportamiento de Isabella hace estallar a la mamá quien la toma del brazo y la saca forzosamente de la casa de Lorena.

En este ejemplo, tanto desde la perspectiva de la madre como el de la hija, las dos pudieron haberse sentido incomprendidas y no tenidas en cuenta.

La mamá sintió que su hija no la escuchaba y que adicionalmente no hacía nada de lo que ella le pedía. Desde la mirada de Isabella, estaba en una situación en donde a nadie le importaba lo que ella pensará o sintiera en ese momento. Como resultado de lo que *era* una tarde espléndida, tenemos a dos personas buscando a través de sus acciones imponer su *poder* sobre la otra terminando tanto la madre como la hija agotadas, dolidas y distanciadas.

Ejemplo 2

La mamá antes de salir conversa con su hija y le comenta que pondrán un sonido en su celular que les indicará el momento en que deberán irse de casa de Lorena. La mamá le pregunta y valida con su hija lo que ha entendido: *"Hija, entonces cuál será la señal que tendremos para saber que es hora de irnos?"* Isabella le responde *"El sonido de tu celular, mami".*

Llegaron a casa de Lorena y todo estaba fluyendo tranquilamente. Faltando 30 minutos para irse, la mamá de Isabella se acercó a las dos niñas y les dijo *"Han tenido una tarde fantástica juntas. Ahora llegó el momento de recoger y quisiera conocer que ideas tienen para organizar la habitación".* Las chicas compartieron sus ideas y se pusieron a organizar. Mientras estaban en la tarea la mamá de Isabella se acercó y le dijo: *"Te dejo el celular y me avisas cuando suene para irnos".* Todo salió tal cual como lo habían planeado. El celular sonó y la nena salió corriendo y le dijo *"Mamá, mamá ya sonó tu teléfono".* La mamá se sonrió y le dijo *"Gracias hija por estar pendiente, es hora de irnos".* Cuando van saliendo de casa de Lorena, Isabella se detiene y se queda inmóvil viendo la pecera. La mamá la observa y le dice *"Qué lindos pececitos, cierto?".* La nena la mira y le dice *"Sí mamá, yo quiero unos".* A lo que la mamá le responde *"Me imagino, hija. Ahora llegó el momento de que te despidas de los pececitos y de todos en casa".* Isabella se quedó una ratico más observándolos, se despidió de todos y salió de casa de Lorena.

En este ejemplo hubo un gana-gana. Ambas se sintieron respetadas y tenidas en cuenta. La mamá comparte el *poder* con su hija, dándole la responsabilidad de avisar cuando suene el teléfono, preguntándole acerca de las ideas que tiene para organizar la habitación y por último, valida el sentimiento que tiene Isabella cuando se queda viendo los peces. Isabella se sintió importante, que pertenecía y como respuesta, colaboró con lo que se necesitaba hacer en cada situación. Al finalizar la tarde, tenemos a dos personas que unieron su poder de colaboración, generando armonía, tranquilidad y conexión en la relación.

Como observas en este último ejemplo, no se trata que te aprendas *la cartilla* de la colaboración, solo trata a los demás como quisieras que te trataran a ti. Muéstrales a través de tus acciones que son visibles para ti y que, por tanto, los tienes en cuenta, los involucras en las situaciones, preguntándoles y escuchando sus ideas. De esta forma, tendrán claro que lo que se hace, no necesariamente es porque así lo quieres, sino porque es lo mejor para todos. También podemos caer en el error de usar nuestro *poder* tratando de controlar a nuestros hijos e inclusive a los demás; diciéndoles qué y cómo deben actuar. Sin embargo, en la realidad lo que sucede es que cada persona tiene en sus manos el *poder* de decidir y actuar como quiere. Así que en lugar de intentar controlar a tu hijo, *entrégale el poder* e invítalo a tomar decisiones sanas para sí mismo a través de la confianza y conexión que hayas creado.

A continuación encontrarás unos ejemplos en donde la situación puede ser transformada de resistencia a colaboración:

Generas mayor resistencia cuando	Generas colaboración cuando
Los despiertas en la mañana faltando poco tiempo para que se organicen y puedan llegar a tiempo al colegio.	Han creado una rutina juntos y la llevan a la práctica.
Le dices como debe vestirse.	Le ofreces opciones para que se vista.
Llegas a casa sin avisar y le dices a tu hijo que deje de jugar y se cambie de ropa porque esta tarde irán a visitar a los abuelos.	Antes de salir en la mañana conversas con tu hijo y le cuentas que hoy en la tarde visitarán a los abuelos; y que le avisarás antes de llegar a recogerlo para que esté listo.
Le ordenas que recoja sus juguetes.	- Lo invitas a recoger los juguetes con una canción. - Le preguntas acerca de cuáles juguetes prefiere recoger primero. - Has creado una rutina de orden para jugar de tal manera que solo saca un juguete del armario cuando ha guardado con el que estaba jugando.
Le dices a tu hijo de 17 años que no le abrirás la puerta si llega después de medianoche.	Hablas con tu hijo y le compartes tu preocupación por su seguridad y juntos llegan a un acuerdo acerca de la mejor hora de llegada, en donde todos se sientan más cómodos.
Le dices que no le vas a permitir que use el computador hasta altas horas de la noche.	Conversas con tu hijo y revisan juntos los efectos de los excesos en el uso de la tecnología. Chequean juntos los problemas que puede tener si no usa adecuadamente las redes sociales. Generan alternativas de horarios y las mejores formas de aprovechar la tecnología.
Le prohíbes que hable con un amigo.	Basada en la relación de confianza que has creado con tu hijo, no supones nada acerca de sus amistades. En su lugar, le preguntas, desde su experiencia, que observa y como se siente con sus amigos. También podrás contarle tu percepción y tus temores basadas en lo que observas pero igualmente, le transmitirás tu confianza en el buen uso que él hará sobre el poder que tiene para elegir amistades sanas para sí.

Si notas que en tu relación con tu hijo o con otras personas estás en una constante lucha de poder, en donde se niegan a tus peticiones; o hacen lo contrario a lo que les pides, revisa si estás vulnerando su poder de decisión y/o elección. Poco a poco empieza a darles más alternativas, haz más preguntas, involúcralos más en el proceso y emplea menos órdenes o imposición de tu criterio.

Durante este viaje de ser padres, madres y educadores, ten presente que no sólo debes tener claridad sobre *hacia* dónde quieres llevar a tus hijos sino también debes tener claridad sobre *cómo* llevarlos hacia donde se necesita llegar, respetando siempre su dignidad y *poder* de participación, decisión y elección.

Para finalizar te comparto otras acciones que te ayudarán a respetar *el poder* de los demás. También puedes adicionar las tuyas.

- Para pelear se necesitan dos, así que cuando sientas que en una interacción estás cayendo en una lucha de poder, es mejor retirarte (si no puedes hacerlo físicamente, entonces hazlo mentalmente) y espera a que los *humos se bajen* para luego buscar una solución que beneficie a todos.

- Reconoce que no puedes obligar a nadie hacer lo que tú deseas, sólo podrás ganarte la cooperación.

- Comparte responsabilidades con los demás. Se sentirán útiles y adicionalmente incentivarás la colaboración.

Ten presente que entre más brindes espacios de participación obtendrás mayor colaboración, y que entre más te quieras imponer más resistencia obtendrás.

Justicia

Según el Diccionario de la Real Academia Española, (2014) se entiende por justicia *"una de las cuatro virtudes cardinales, que inclina a dar a cada uno lo que le corresponde o pertenece"*. La justicia es darle a cada quien lo que necesita.

Una de las imágenes que está asociada a la justicia es la de una mujer con los ojos vendados y una balanza equilibrada en su mano. La mujer tiene los ojos tapados para simbolizar que la justicia se lleva a la acción cuando se imparte a todas las personas de manera equitativa, sin juzgar su origen, raza, sexo, entre otros.

Sin embargo, en ocasiones esta imagen se puede ver desfigurada cuando el que imparte justicia se *"quita la venda de los ojos"* y lo hace según su conveniencia o preferencia, generando desequilibrio, desorden, dolor y pérdida del sentido de pertenencia en las personas afectadas.

En este libro no vamos a revisar o analizar cómo actúa el sistema de justicia en cada uno de nuestros países y no porque no sea importante, sino porque nos vamos a enfocar en nuestras familias, que es donde cada uno tiene incidencia e impacto diario.

Justicia sin preferencias

El valor de justicia se vive dentro de las familias: cuando cada uno de sus miembros se siente escuchado, respetado y valorado por ser quien es; y en donde no hay diferencias o preferencias, independientemente del rol que tengas dentro de ella. Veamos este ejemplo que sucede entre dos hermanos:

Camilo tiene 12 años y tiene una hermana menor de 5 años que se llama Valentina. A Valentina le encanta jugar con sus muñecas y le fascina igualmente jugar con los carros de su hermano. Un día después de llegar del colegio, Valentina entró en la habitación de Camilo y tomó sus carritos para jugar. Camilo al notar que su hermana se llevaba sus carritos le dijo que no tomara sus cosas y se los quitó de la mano. Valentina se puso a llorar mientras le decía que era un hermano muy malo.

La madre al escuchar el llanto de Valentina se dirigió a la habitación y le dijo a Camilo que no fuera egoísta, que le prestara los juguetes a su hermana.

Camilo se enrojeció de la ira y le tiró los carros a su hermana. Tan pronto Valentina y la mamá salieron de la habitación, Camilo cerró la puerta de un portazo.

Si te pusieras un momento dentro del rol de Camilo: ¿qué estarías sintiendo, qué pensarías y qué decisiones estarías tomando? ¿Qué pensarías acerca de tu madre? ¿Qué pensarías acerca de tu hermana? ¿Qué pensarías acerca del mundo? (escríbelas en tu diario).

Situaciones como estas se pueden presentar dentro de las familias, en donde el adulto sin tener la intención o darse cuenta, actúa como ese juez *"sin venda en los ojos"*, y aplica la justicia favoreciendo a uno de los dos hijos, generando sentimientos de injusticia y desequilibro dentro de la relación.

Para que esta situación sea justa para todos será necesario que el adulto no favorezca a ninguno de los dos hijos y que les permita tomarse un tiempo para calmarse. Una vez todos estén tranquilos, podrán tener una conversación en donde cada uno manifieste su punto de vista sobre la situación. El rol del adulto será escuchar, sin juzgar, lo que cada uno tiene para compartir; y luego a través de preguntas curiosas, chequear con ellos posibles soluciones para que esta situación no se vuelva a presentar.

Si tienes más de un hijo puede que continuamente vivas situaciones como la de Camilo y Valentina. Intervenir y favorecer a uno de los niños agrava la situación e incrementa sentimientos de dolor y rabia. Además, cuando actúas como padre o madre *rescatador*, impides que desarrollen las habilidades que necesitan para afrontar la vida.

Sin embargo, es importante aclarar que cuando la integridad o seguridad de los niños están en riesgo o siendo vulneradas se debe intervenir. El objetivo de esta participación será evitar que los niños continúen agrediéndose o causándose más daño. Por lo tanto, el adulto deberá separarlos y pedirles a cada uno que se vaya a un espacio diferente para que se tranquilicen. Posteriormente, podrá abordar la situación escuchándolos, validando los sentimientos e invitándolos a buscar soluciones.

Entonces, cuando nos encontremos en situaciones en donde nuestros hijos tienen una discusión o pelea con alguno de sus pares, amigos o primos por ejemplo, debemos considerar y respetar el sentir de cada niño, sin inclinarnos a favor o en contra de uno de ellos.

Justicia es darle a cada uno lo que le corresponde

También para practicar el pilar de la *justicia* en casa debemos tener en cuenta que cada uno de los miembros de la familia tiene diferentes necesidades acordes con su etapa de desarrollo o con el momento que estén viviendo. Por lo tanto, no podemos *"cortarlos a todos con la misma tijera"* como decimos coloquialmente en mi país.

Te comparto el siguiente ejemplo que nos muestra que tratar a todos por igual no necesariamente significa actuar de manera *justa*.

Juana tiene tres hijos, uno de 13 años, otro de 8 años y una nena de 11 meses. Como en la familia tienen el hábito de leer antes de acostarse, Juana decide comprar en la librería las historias de los Hermanos Grimm y se las lleva de regalo a cada uno de sus hijos. El niño de 8 años y la nena estaban felices con sus cuentos; mientras que el chico de 13 años le devolvió el regalo a la madre y le pidió que dejara de considerarlo como si él aún fuera un bebé. Juana pensó que al llevarles a todos el mismo regalo estaba siendo justa, ya que todos estaban recibiendo un libro. Pero al no tener en cuenta que los intereses de lectura son distintos entre ellos, generó un sentimiento de injusticia en su hijo mayor.

Justicia es darle a cada quien lo que le corresponde. Si en casa tenemos niños de diferentes edades, tengamos en cuenta sus intereses y necesidades particulares.

A continuación te comparto algunas ideas que surgen en los talleres de padres que realizo cuando llevamos a la práctica el pilar de la *justicia* en casa:

- Reconocer a cada miembro de la familia como un ser único y especial.
- Identificar y comprender las diferentes etapas de desarrollo que tienen sus niños, niñas y adolescentes, para entenderlos y ser asertivo en el relacionamiento con ellos.
- Permitir la participación de los miembros de la familia en todos aquellas decisiones, planes, conversaciones que usted considere son aptas (tenga en cuenta la edad en la que se encuentran sus niños, niñas o adolescentes) para que ellos participen y den sus opiniones, observaciones o ideas. Por ejemplo: cambios de casa o de colegio, vacaciones familiares, salidas de fines de semana, etcétera.
- Respetar los gustos e intereses que puedan tener los miembros de la familia, validando sus opiniones, sin descalificar.

- Escuchar las opiniones o comentarios de los demás, sin juzgar.
- Enfocarse en soluciones independientemente de cual sea la situación o problema que tengan. Cuando se enfocan en soluciones logran sortear la situación y avanzan todos en familia. Cuando se enfocan en buscar responsables el problema no se resuelve, se quedan paralizados en el pasado y se genera sentimientos de dolor, rabia y frustración en las personas involucradas.
- Planear y llevar a cabo momentos especiales con cada uno de los miembros de su hogar (pareja, hijos, etc.). Esto lo hará sentir especiales y únicos y adicionalmente alimentaras la conexión que tienes con ellos.
- Enseñar a los niños a expresar sus sentimientos adecuadamente.

Cuando los niños no han aprendido a expresar lo que sienten, usan mecanismos poco asertivos como golpes, gritos, malas palabras o comunicación hiriente para manifestar el sentimiento de dolor o frustración que puedan tener. Si el adulto toma estas acciones de manera personal pensando, por ejemplo, que su hijo no lo quiere, o que es un mal padre, esto generará un sentimiento de dolor o rabia, que generará distanciamiento dentro de la relación e inclusive podría caer en un ciclo de venganza. Mira la siguiente historia:

Cristina tiene dos hijos, Luisa de 6 años y Mateo de 8 meses. Cristina se separó de su pareja cuando Mateo tenía 2 meses. Una tarde, al llegar Cristina del trabajo le preguntó a Luisa acerca de cómo le había ido en su colegio.

Luisa: ---*Muy mal mamá, soy una bruta, yo no sé hacer nada.*

Cristina: ---*Hija, ¿cómo dices esas cosas? Tú no eres bruta, eres una niña muy inteligente.*

Luisa empieza a llora y le dice:

---*No es verdad, soy lo peor.*

Cristina: ---*Bueno, Luisa ya cálmate y deja de decir esas cosas.*

Luisa: ---*Quiero morirme mamá.*

Cristina: ---*¿De dónde sacas eso Luisa? Yo te quiero y no quiero que te pase nada malo.*

Luisa: ---*No es verdad, tú quieres a mi hermano. ¡Lo odio! ¡Te odio! Sólo quiero a mi papito.*

Cristina: ---*Bueno, si tanto quieres a tu papito, pues sencillo, yo ya lo llamo para que venga por ti y te vayas a vivir con él.*

Cristina estaba desconcertada, molesta con lo que Luisa le manifestaba. No entendía como su hija le decía todas esas cosas.

En este ejemplo notamos como Luisa, por su inmadurez emocional, propia de la edad, no sabe cómo expresarle a la mamá que quiere pasar más tiempo con ella, que se siente desplazada desde que su hermano está en casa y que adicionalmente extraña a su padre. Cristina, al tomarse las palabras de Luisa de manera personal, se siente dolida y, como respuesta, la amenaza diciendo que llamará al padre para que se vaya a vivir con él.

Los adultos tenemos que aprender: a decodificar las palabras y acciones de los niños; a entender la etapa en la que se encuentran; a darnos cuenta de que muchas de esas acciones son reflejo de su inmadurez para poderse comunicar adecuadamente; y a no tomarlo de manera personal.

Lo que ellos necesitan es aprender a comunicarse apropiadamente. Te comparto algunas ideas para que le enseñes a tu hijo a identificar y expresar lo que siente:

Si tu hijo es menor de tres años y su lenguaje verbal aún no es fluido, puedes nombrarle la emoción que notas se manifiesta en él en una determinada situación.

Por ejemplo: *"Te noto feliz con tu amigo"."Parece ser que te molesta que tu amiga te quite el juguete". "Te emocionas al ver a los abuelos"*, etcétera.

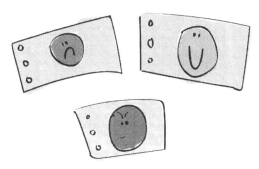

✓ También puedes crear tus propias cartas emocionales (dibujando las caritas donde inicialmente tengan las cuatro emociones básicas como: alegría, tristeza, ira, miedo) y le puedes pedir al niño que te muestre como se siente, señalando una de las cartas.

✓ En la medida en que tu hijo tenga un lenguaje más desarrollado, le podrás preguntar cómo se siente y validar ese sentimiento.

✓ También puedes sentarte en el parque con tu hijo y desde lejos observar las caras y posturas corporales que tienen las personas que van pasando por el lugar y adivinar como él/ella cree que se sienten estas personas. Esto le ayudará a tu hijo a identificar las emociones en los demás y a ser empático.

Para finalizar este pilar te comparto esta frase, *"trata a los demás como quisieras que te trataran a ti"*. Creo que resume de una manera sencilla como podemos vivir en justicia en casa.

Te invito a escribir en tu diario las respuestas a estas preguntas: ¿Cómo siento que mi dignidad es respetada?, ¿Cómo quisiera que me tuvieran en cuenta?, ¿Cómo me sentiría escuchado?, ¿Cómo me sentiría que soy único y especial para los demás?, ¿Cómo quisiera que los demás me trataran en este problema que tengo con esta otra persona? Verás cómo tus respuestas están relacionadas con lo que acabamos de revisar del pilar de la *justicia*.

Cuando se vive en justicia los miembros de la familia sienten el equilibrio, el respeto, el orden y la armonía dentro de casa.

Habilidad

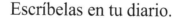

Es sentirnos capaces y hábiles de asumir los retos que se nos presentan en la vida.

Cuando los niños, niñas y adolescentes tienen el sentimiento de capacidad instaurado en su sistema de creencias, serán competentes para asumir cualquier reto que tengan en la vida, desde el más pequeño hasta el más grande. Tendrán confianza en sí mismos independientemente de lo que los demás puedan pensar o creer acerca de ellos. Ahora, tómate el tiempo y piensa en aquellas acciones que estás haciendo en este momento en casa o en el colegio para incentivar este sentimiento tan poderoso en nuestros niños, niñas y adolescentes. Escríbelas en tu diario.

Revisemos la relación con los niños, niñas y adolescentes de la casa o del colegio y respondamos las siguientes preguntas:

a) ¿Qué cosas permites que tus niños, niñas y adolescentes hagan por sí mismos, sin tu intervención o ayuda?

b) ¿Qué cosas estás haciendo hoy por tus niños, niñas y adolescentes que ellos pueden estar haciendo por ellos mismos?

c) ¿Qué cosas podrías enseñarles a tus niños, niñas y adolescentes para que ellos pueden empezar a hacer las cosas por sí mismos?

d) ¿Qué te impide permitirles a tus niños, niñas y adolescentes que hagan las cosas por sí mismos?

Dreikurs R. & Soltz (1990) decían *"Nunca hagas por tu hijo, lo que él puede hacer por sí mismo"* y seguramente te diste cuenta de que en el listado tienes varias de esas cosas que ellos ya pueden estar haciendo solos.

Una de las razones por las cuales los adultos deciden intervenir y no permitir que los niños, niñas y adolescentes hagan las cosas por sí mismos es la *carrera por el tiempo en la que viven los adultos.* Entonces deciden hacerles todo (el desayuno, cambiarlos, llevarlos en el auto, cargarlos, correr) para lograr llegar a tiempo al paradero, al trabajo, a la cita médica, a la universidad.

Otras veces pensamos que están muy pequeños para asumir algunas tareas y resulta que no; si ellos nos dicen que pueden, es porque efectivamente así es. Los adultos también intervienen porque tienen *miedo* a que les ocurra algo malo a los niños, niñas y adolescentes, como que se corten cuando cocinan, que tengan un accidente en el parque, que se caigan, que un amigo les hiera sus sentimientos, etc. Entonces deciden que es mejor no dejarlos que cocinen, o que tengan amigos, o que vayan al parque, entre otros.

Puede que estén muy seguros dentro de la urna de cristal, pero, ¿qué pasará cuando salgan de ella o cuando no tengan un adulto a su alrededor que vele por ellos? Se frustrarán y no serán capaces de asumir la vida; y sé que eso no es lo que tú quieres para tu hijo o hija. De hecho, alguna de las habilidades que escribiste al principio de nuestro viaje fue que quieres que él o ella sea independiente, autónomo, capaz, emprendedor y seguro de sí mismo. A continuación veremos cómo podemos capacitarlos para empoderarlos de sus vidas.

Capacitar y confiar

Es tomarse el tiempo para enseñarles a los niños, niñas y adolescentes aquellas cosas necesarias para que cada vez sean más independientes y más capaces de asumir su vida.

Habrán cosas que ellos aprenderán observándote, otras necesitarán que les enseñes paso a paso. En todo caso siempre es preferible invertir tiempo capacitándolos y no incapacitándolos para el resto de sus vidas.

Te comparto los cuatro pasos, que desde la Disciplina Positiva, puedes tener en cuenta para enseñar a los niños, niñas y adolescentes diferentes tareas o quehaceres. Los cuatro pasos los vamos a usar en un ejemplo sobre el aprendizaje de tender la cama:

Paso 1: Permita que él o ella te observe mientras tiendes la cama.

Paso 2: Lo haces con ayuda del niño o niña. Es decir, él te ayuda a tender la cama.

Paso 3: Él o ella lo hace con tu ayuda. Permite que el tienda la cama y lo ayudas en donde él te pida ayuda o consideras que necesita tu apoyo.

Paso 4: Tú observas mientras él o ella tiende la cama.

Puedes aplicar estos cuatro pasos a todas las acciones que quieres que tu niño o niña aprenda a hacer por sí mismo. Durante este proceso de aprendizaje, ten en cuenta:

✔ La etapa de desarrollo del niño o niña, ya que de acuerdo con esto tendrá la habilidad necesaria para lograr aprender y llevar a cabo la tarea. Por ejemplo, si quieres que un niño de 2 años aprenda a tender su cama, lo más probable es que no lo va a lograr tal como esperas, ya que en esta etapa él está aprendiendo a coordinar su cuerpo y será complejo coordinar y aprender a tender una cama.

✔ Explicarle al niño o niña que significa para ti que la tarea quede hecha de manera adecuada. Valida la información, preguntándole que está entendiendo él o ella de lo que le dices; y de acuerdo con su respuesta, repite alguno o los tres primeros pasos las veces que se requieran, hasta que el niño aprenda hacer la tarea por sí solo.

✔ El niño o niña hará la tarea de acuerdo con sus posibilidades y lo que haya aprendido, no de acuerdo con los estándares de perfección que puedas tener.

✔ Revisar tus expectativas, ya que el niño o niña no podrá hacer la tarea como tú, que eres un adulto y llevas años realizándola. También ten claro cuánto tiempo necesita el niño o niña para aprender una habilidad o tarea. El tiempo dependerá de las características de los niños o niñas al igual que del contexto familiar y social en el que se desarrolla.

✔ Tomará tiempo para que el niño o niña aprenda hacer la tarea. Necesitará de tu paciencia y ayuda para que aprenda hacer la tarea de manera exitosa.

✔ Ser constante. Cuando decida enseñar una nueva habilidad, hábito o tarea hay que ser constante para que el aprendizaje se interiorice. Como dice Benjamin Disraeli "El secreto del éxito es la constancia en el propósito".

Te comparto algunos quehaceres o responsabilidades McVittie & Kinney , (2008) que los niños o niñas podrían realizar una vez que les has enseñado:

2,5 años a 3 años

Recoger los juguetes.
Servirse leche
(de una jarra con su agarradera).
Escoger la ropa para vestirse.
Limpiar cuando tire algo.
Usar la aspiradora de mano.
Apilar los diarios y las revistas.
Retirar los cubiertos y llevarlos
al fregadero.
Colocar los cubiertos a su cajón.

4 años a 5 años (lo anterior y...)

Hacer su cama, arreglar su cuarto.
Cepillarse los dientes, peinarse y vestirse solo.
Aprender a poner la mesa.
Amarrarse los zapatos.
Ayudar con tareas sencillas como sacar la basura,
recoger las hojas del jardín, regar las plantas, recoger
el correo.
Añadir ingredientes en una receta sencilla.
Cortar vegetales con supervisión.
Mezclar el jugo.
Alimentar a los animales de la casa.
Separar la ropa sucia: colores y blancos.
Vaciar cesto para papeles.

6 años a 7 años (lo anterior y…)

Escoger su propia ropa de acuerdo con el tiempo y el evento.

Poner la mesa correctamente.

Responder llamadas telefónicas.

Sacar a pasear al perro.

Cuidar su bicicleta.

Levantarse con despertador en la mañana.

Ayudar a cambiar las sábanas de las camas.

Poner platos en el lavaplatos.

Ayudar en la preparación de pequeñas recetas.

8 años a 9 años (lo anterior y..)

Usar la aspiradora en su cuarto.

Preparar su almuerzo para la escuela.

Hacer tareas de escuela con supervisión mínima.

Ahorrar su dinero.

Ayudar a cocinar las comidas de la familia.

Usar la lavadora y secadora.

Hacer lista para comprar comestibles.

Servir a los invitados.

Ayudar a los vecinos con sus quehaceres.

10 años a 12 años (lo anterior y…)

Encargarse de su propia lavandería.

Ayudar a planear las vacaciones de familia.

Hacer comidas para la familia.

Ayudar en proyectos de la comunidad.

Los niños y niñas no sólo están aprendiendo destrezas en determinadas tareas, sino que están aprendiendo habilidades de vida como:

1. La creencia "Soy capaz".

2. La independencia y autonomía, "Yo puedo hacerlo, no dependo de mis padres para lograr las cosas".

3. La cooperación y contribución dentro de su contexto familiar, "Soy parte importante de mi casa, porque a través de mis acciones ayudo a mi familia".

4. La responsabilidad.

A medida que van creciendo también necesitamos enseñarles habilidades sociales como aprender a comunicarse, escuchar, resolver conflictos, comprender y ayudar a los demás, auto controlarse y colaborar, entre otras.

Estas habilidades se le van enseñando a través del relacionamiento que tiene el niño o niña con los demás. Por ejemplo:

María, de 8 años, llega a casa y le cuenta a su mamá la siguiente historia que sucedió mientras estaba en el colegio: *"Mamá, hoy pasó algo terrible en el colegio. Mientras estaba jugando con Ana, llegó Sofía, me*

empujó y me dijo que yo no podía jugar con Ana"
la mamá escuchó atentamente la historia y luego
le preguntó:

Mamá: ---*María, y ¿tú qué hiciste cuando Sofía te empujo?*

María: ---*Me puse a llorar.*

Mamá: ---*¿Qué vas hacer la próxima vez que esto ocurra?*

María: ---*No lo sé.*

Mamá: ---*Pensemos en ideas para que cuando alguien te agreda tú lo puedas manejar o evitar.*

María: ---*Mmm, pues le puedo decir que no me empuje.*

Mamá: ---*Muy bien María y, ¿qué más puedes hacer?*

María: ---*Detenerla o llamar a la profesora.*

Mamá: ---*Noto que ya tienes varias ideas para manejar situaciones como estas.*

Las preguntas que realizó la mamá permitieron que la niña encontrara sus propias alternativas para manejar la situación cuando se le presente.

Una vez hayamos capacitado a nuestros niñas, niños, adolescentes tenemos que confiar en la capacidad que ellos tienes de sortear las situaciones. Ten presente que si crees que puede, él o ella también lo creerá.

Capacita, paso a paso

Para revisar cómo capacitar paso a paso, te compartiré la siguiente historia:

Son las 7:00 a.m. y es el momento en que la familia se dispone a desayunar. Se sientan todos en la mesa y Luciana de 4 años empieza a comer… Mientras tanto la mamá, Carmen, inicia su faena de recomendaciones.

Carmen: --- *"Luciana, cómete todo"*.

Carmen: --- *"Estás hablando mucho y no comes nada"*.

Carmen: --- *"Deja de mover las piernas, no juegues en la mesa"*.

Carmen: --- *"No hables con la boca llena"*.

Mientras tanto…Luciana está moviendo el tenedor de un lado a otro, se levanta de la mesa, vuelve y se sienta. Luciana le contesta a la mamá en un tono aburridor: --- *"Dámela tú"*.

Luciana: --- *"Pero sólo quiero un poquito"*.

Luciana: ---*"Ya no quiero"*.

Carmen se agarra la cabeza, respira profundo y le contesta entre dientes: --- *"Levántate de la mesa ya"*.

Carmen está desesperada y no sabe que pudo haber ocurrido para que la hora de la comida se tornara una guerra campal entre ella y su hija.

Revisemos como dando un paso a la vez, podemos ser más efectivos cuando estamos capacitando a nuestros niños y niñas.

Carmen deseaba cubrir, en quince minutos o menos, más de un objetivo con la niña: quería que comiera sola, que se comiera todo, que tuviera buenos modales, que no jugara a la hora de comer y que no hiciera reguero en la mesa, entre otros.

Definitivamente de todos estos objetivos se podrá lograr uno de ellos y hasta dos si nos va bien. Lo que tenemos que hacer para que los niños y niñas puedan aprender las habilidades o tareas de manera efectiva es enseñarles de lo simple a lo complejo; y una sola cosa a la vez.

Por ejemplo en el caso de Luciana, Carmen podría enfocarse inicialmente en que aprenda a comer sola. Tan pronto Luciana haya aprendido a comer sola, podrá dedicarse a enseñarle buenos modales en la mesa, o el objetivo que Carmen considere más importante de acuerdo con sus necesidades familiares o sociales.

Entonces, antes de pretender enseñar varias cosas a la vez, define prioridades y determina cuál de todos los objetivos consideras debes enseñar primero. Una vez el niño o niña ha interiorizado la habilidad que tenían como meta, podrás capacitarlo en una nueva tarea o habilidad.

Dentro del proceso de capacitación es importante enseñarles primero tareas simples en donde ellos tengan la oportunidad de sentirse exitosos. Este sentimiento de logro y confianza en sí mismos les ayudará a estar listos para asumir y aprender tareas más complejas.

Oportunidad para practicar

El niño, niña o adolescente necesita que le brindes el espacio para practicar la tarea o habilidad enseñada. Necesita tener la oportunidad de implementar lo aprendido contigo en casa y fuera de ella.

Veamos el siguiente ejemplo.

A George le han enseñado diferentes estrategias para poner sus límites cuando no se siente a gusto o cómodo con algo. Una tarde Ana, la mamá de George, invita a los primos a pasar una tarde en casa. Llevan un tiempo jugando y después de un rato Ana escucha como empiezan a pelear porque no se ponen de acuerdo frente a quién es el capitán del juego. Todos quieren serlo. George decide retirarse e irse a otro espacio de la casa antes de continuar discutiendo con sus primos.

En otro momento Ana hubiera preferido saltar del sillón e irlo a rescatar. Sin embargo, sabía que esta era una valiosa oportunidad para permitirle a él que practicara lo aprendido y decidió confiar en su capacidad para sortear la situación.

La práctica hará el maestro y en la medida en que ellos practiquen ganarán mayor destreza en las habilidades y tareas que les hemos enseñado.

Si toma una decisión equivocada, igualmente será un valioso aprendizaje ya que le permitirá revisar como lo hará diferente en una siguiente oportunidad. Si lo rescatas y lo haces por él o ella, jamás sabrá que haría diferente y tampoco aprendería de la situación.

Cada proceso de aprendizaje es personal

María del Mar está aprendiendo a conducir. Ella tiene un hermano mayor quien ya es un experto conduciendo. La madre de María del Mar le está enseñando a conducir.

Durante su clase de conducción le comenta: "María del Mar, a pesar de que hoy es tu primer día, quiero que sepas que lo has hecho mucho mejor que cuando tu hermano empezó". Esta frase puede verse como alentadora pero a largo plazo no es así ya que al comparar el aprendizaje de María del Mar con el de su hermano; incentiva la competencia y rivalidad entre ellos. Cada proceso de aprendizaje es único y personal.

Cuando comparamos, anulamos la motivación intrínseca y motivamos en los niños, niñas y adolescentes el deseo de aprender para ser mejor que los demás y no por el mejoramiento personal.

Cuando no se respeta el proceso individual de aprendizaje, como por ejemplo el maestro que le dice a sus estudiantes "Miren como Santiago está haciendo e*sta tarea, ¿por qué ustedes no lo pueden hacer igual que él?*

En esta comparación se puede generar un sentimiento de ineptitud asumida en los demás, al creer que no podrán lograr el estándar que tiene su compañero, y deciden rendirse antes de intentarlo.

También puede suceder que deciden superar, a como de lugar, a Santiago para demostrarle al maestro que ellos sí pueden. Aunque puedes pensar que en este último caso se logra que los chicos se animen a estudiar, en el fondo lo que motiva a los estudiantes es un sentimiento de rivalidad por demostrarle a un externo que ellos sí pueden ser mejores que Santiago; y no porque deseen enriquecerse o aprender de la tarea planteada.

Para alentar el sentimiento de capacidad, tengamos en cuenta que:

- Cada niño, niña, adolescente es diferente y tiene su propio proceso.
- Se puede animar el esfuerzo y el trabajo de cada uno de manera independiente; y podemos alentar los pequeños progresos que cada uno realice.

Errores como oportunidades de aprendizaje

Ten presente que aunque capacitemos a los niños, niñas y adolescentes, igualmente cometerán errores como seres humanos que son; no son perfectos, nadie lo es. En la medida en que el error tanto en casa como en los contextos educativos sea tomado como una oportunidad de aprendizaje, se construirá y se avanzará en el sentimiento de capacidad.

Pero si por el contrario, se emplea el error como burla o crítica, los niños, niñas o adolescentes no aprenderán a asumirlos y preferirán ocultarlos, creando dentro de ellos un sentimiento de incapacidad frente a cualquier reto o desafío que se les pueda presentar.

En el capítulo *Viajando a través del respeto mutuo*, te compartí las 4 Rs de los errores. Vale la pena que las retomes y que las tengas en cuenta cuando quieras ayudar a los niños, niñas y adolescentes a construir sobre sus errores.

Consciencia de sus logros

Los niños, niñas y adolescentes en ocasiones no son conscientes de sus logros. Por esto es de suma importancia que los adultos los invitemos a que ellos aprecien las cosas que logran por sí mismos.

Podemos apreciar sus logros reconociéndoselos. Por ejemplo:

"Lucas, observo que lograste salir adelante en esta asignatura que tanto te costaba".

"Gracias a la idea que me diste pude solucionar mi problema".

"Sara, aprecio cómo aprendiste a expresar lo que piensas sin emplear los gritos".

También puedes realizar preguntas curiosas que los inviten a reflexionar acerca de cómo alcanzo el logro propuesto. Por ejemplo:

"¿Cuéntame cómo lograste salir adelante de esa situación?".

"¿Qué cambios implementaste para mejorar en esta tarea?".

"¿Qué hiciste diferente en este momento para lograrlo?".

"¿Qué fortalezas notas que has desarrollado para mejorar a tu relación con tus amigas?".

Para concluir este pilar, ten presente que *habilitas* a tu niño, niña o adolescente cuando:

- Los capacitas y les enseñas las habilidades que necesitan para empoderarse de su vida.
- Confías en sus capacidades.
- No haces las cosas por ellos y les permites hacerlas por sí mismos.
- Le asignas tareas y responsabilidades de acuerdo con la edad.

- Les brindas oportunidades para practicar e intentar las veces que sea necesario.
- Respetas los procesos y ritmos de aprendizaje.
- Los invitas a tener consciencias de sus logros y fortalezas.
- Les enseñas que los errores son oportunidades de aprendizaje.

Cuando un niño, niña o adolescente se siente capaz, esa será una de las mejores fortalezas que tendrá para prosperar en la vida.

Estos cuatro pilares que acabamos de explorar fomentan la conexión con los demás. Nos invitan a crear contextos en donde los seres humanos se sientan que pertenecen y que son valiosos.

Nuestros hijos, nuestros estudiantes, nuestras parejas y tú necesitas sentirte conectado con tu familia, amigos, compañeros de trabajo, etcétera.

Cuando nos sentimos conectados prosperamos dentro de la sociedad y brindamos la luz que hay dentro de nosotros al mundo.

Te comparto esta historia que refleja como a través de la conexión podemos cambiar el curso de la vida de nuestros hijos o hijas:

> Sandra tiene tres hijas que se llevan entre ellas 6 años de diferencia. Durante el día a día vive lo que significa estar con una adolescente, una pre-

adolescente y una infante. Su hija Paloma, cuando tenía 13 años de edad sufrió un desorden alimenticio y aunque siguió las recomendaciones médicas pertinentes para la situación, ella consideró que el amor y el respeto que afloró entre ellos como familia fue fundamental para que su hija se salvara.

Sandra entendió que era necesario reestablecer la conexión con su hija porque por alguna razón Paloma había sentido que no pertenecía y que ya no era importante para su familia.

Tomaron esta situación como una oportunidad de crecimiento y fortalecimiento para todos y ayudaron a su hija a conocerse, aceptarse y apreciarse. Dentro del proceso de recuperación de Paloma, generaron espacios como familia en donde practicaban acciones que "reflejaban pertenencia y significado". Hoy en día Paloma es mayor de edad y se ha convertido en una apasionada bailarina y una dedicada maestra de niños pequeños.

Este es un ejemplo de cómo sí podemos hacer la diferencia en la vida de nuestros niños, niñas o adolescentes. Entonces, te animo para que reconozcamos a cada uno de los miembros de la familia como seres únicos que son, respetando su dignidad, valorándolos por ser quienes son y no por lo que hacen; brindándoles oportunidades de participación y decisión; y permitiéndoles un espacio para sentirse capaces y útiles dentro de su contexto.

Sé que el viaje de ser padres y educadores no es sencillo, pero podemos abonar un terreno fértil en donde las semillas, que representan nuestros niños, niñas y adolescentes, tengan la conexión necesaria para crecer, florecer y dar frutos que contribuyan a la sociedad.

Tú puedes vivir bajo estos principios llevando a la práctica las acciones que revisamos durante este capítulo; en donde, como te has dado cuenta, todos necesitamos pertenecer y sentirnos valorados. Ser invisibles no es una opción.

Todos somos uno

¿Sabías que estamos interconectados entre nosotros? Lo que tú haces impacta a tu familia y ellos al mismo tiempo impactan a cada una de las personas con las que se relacionan.

Teniendo en cuenta esto, no hay acciones que realices que sean pequeñas, porque igual estás haciendo eco a tu alrededor y en la comunidad a la que perteneces.

Desde que te despiertas cada mañana tienes el poder de decidir desde donde te quieres conectar y según la opción que elijas, así mismo será tu día. Miremos la diferencia desde esta historia.

Juan y Alicia son padres de Rodrigo de 3 años, Juan de 5 años y Nicolás de 8 años. Juan y Alicia últimamente han tenido problemas y están bastante distanciados. Alicia se despierta cada mañana a las 4 a.m. y levanta a cada uno de sus hijos. Por lo general, los llama y si ellos no atienden el primer llamado, los toma del brazo y los mete a la ducha. Mientras ellos se bañan, les sirve el desayuno en la mesa. Incluso en algunas ocasiones, les termina dando la comida porque de lo contrario los deja el autobús para llevarlos al colegio.

Nicolás se distingue en el colegio por ser el más fuerte: es el que manda el juego. Como estrategia para mantenerse siendo el jefe, agrede a sus compañeros quienes por temor hacen lo que él dice. Juan y Rodrigo se mantienen muy callados en sus salones de clase.

Las maestras ya no saben qué hacer para que Juan y Rodrigo participen en las actividades que se proponen; y el maestro de Nicolás le ha impuesto todas las medidas disciplinarias que tienen en el manual de convivencia del colegio para ver si algún día el niño cambia.

Cada hijo refleja sus sentimientos frente al contexto que viven a diario en casa en el colegio. Alicia, sin estar consciente y sin tener la intención de hacerles daño a sus hijos, transmite su dolor desde que abre sus ojos cada mañana. Los hijos al tener una conexión primaria con su madre se ven afectados por lo que a ella le ocurre.

Los niños a su vez impactan a sus compañeros de clase y a sus maestros. Los compañeros hablan de sus amigos en casa y los maestros hablan con los directivos de la escuela para buscar otras estrategias que puedan motivar a Juan, Rodrigo y Nicolás.

La conexión entre todos existe y por lo tanto, si una de las personas, dentro de esta red de interconexiones, aborda la situación desde otro lugar, podrá igualmente cambiar el curso de estas relaciones, como lo que ocurrió después en la historia de la familia de Alicia y Juan.

El maestro de Nicolás se acercó a la hora de recreo y le hablo desde su corazón diciéndole: *"Nicolás, tú eres muy importante y quiero que sepas que estaré disponible para conversar contigo cuando así lo desees"*.

Nicolás levantó su cabeza y lo miró a los ojos, sin responderle nada al maestro.

El maestro continuó haciendo estos acercamientos, y después de un par de semanas, Nicolás le habló sobre la tristeza que veía en su madre y cuanto le preocupaba que ella se enfermara. El maestro le preguntó a Nicolás si le parecía bien que él hablara con su madre al respecto; y Nicolás estuvo de acuerdo.

El maestro tuvo la cita con Alicia y fue la oportunidad para conversar acerca de su situación y para agradecer el apoyo que el maestro le estaba brindado a su hijo. Acordaron que Alicia recibiera el apoyo de parte del equipo interdisciplinario del colegio para encontrar alternativas respetuosas para manejar la situación que estaban viviendo como familia. Pasó un tiempo hasta que Alicia y Juan lograron reconectarse y sanar las heridas causadas; y poco a poco, los niños también pudieron integrarse al colegio de una manera apropiada.

Historias como estas suceden a diario, y como te comentaba al principio, ninguna acción que realices es pequeña porque igual afecta a los demás. Por ejemplo, cuando:

- Conduces y suenas la bocina de tu auto.
- Ofreces tu ayuda a otra persona.
- Das las gracias desde tu corazón a la persona de la tienda que te ayudó.
- No llegas a tiempo a la cita médica o a una reunión de trabajo.
- Envías un email con un mensaje alentador.
- Chateas en tu teléfono y colocas una "carita triste".
- Haces una fiesta en casa hasta las 3 a.m.

Así sucesivamente, cada cosa que haces afecta al grupo de personas que está a tu alrededor ya sea de manera positiva o negativa. Por lo tanto, vale la pena hacer una introspección y revisar si estas acciones que haces a diario están acordes con lo que quieres para ti y a la forma como quieres impactar a los seres que amas y que están a tu alrededor.

Tienes el poder de elegir y puedes cambiar el curso de tu vida en el momento que así lo decidas. Dando pequeños pasos de manera consistente lograrás hacer los cambios que quieres. Será necesario que diseñes un mapa de ruta y una vez lo tengas claro, sólo tendrás que recorrerlo. No tienes que correr, solo camina. Revisa que diariamente, al menos una de tus acciones esté acorde con el mapa de ruta que has dibujado. Notarás como poco a poco tu dinámica empieza a cambiar.

Así como eres el autor de tu propia vida, de la misma forma, nuestros niños, niñas y adolescentes tienen el poder de elegir como quieren vivirla a través de sus decisiones.

El poder de las decisiones

Nuestra tarea es enseñarles a ser conscientes y responsables del poder que tienen en sus manos ya que las decisiones que tomen afectarán su vida y la de los que están a su alrededor. Como el efecto dominó: una ficha que cae afecta a todas las que están cerca.

Una forma en la que podemos enseñarles esto a nuestros niños, niñas y adolescentes es a través de conversaciones que los inviten a reflexionar sobre las decisiones que puedan estar tomando. Por ejemplo:

Tu hijo está teniendo dificultades en matemáticas y tú observas que no está cumpliendo con las tareas que debe entregar en el colegio. Para que esté consciente de la decisión por la que está optando, puedes generar con él una conversación con preguntas curiosas, en donde lo invites a reflexionar acerca de lo que puede suceder dentro de su colegio si continúa actuando de esa manera. Si notas que no está listo para conversar contigo acerca del tema, espera el momento oportuno y lo abordas. Ten presente que él será el único que podrá cambiar su comportamiento y tomar una decisión que sea favorable para él, porque el poder de elegir está en sus manos.

No necesariamente las decisiones que él o ella elijan estarán acordes con tus expectativas o con lo que hubieras hecho. Sin embargo, parte del aprendizaje será permitirles vivir de acuerdo con sus elecciones y de ti dependerá cómo eliges asumir las decisiones que él o ella ha tomado; puedes molestarte o entender que es su vida.

Ten presente que si eliges asumir por ellos las consecuencias de sus decisiones, no aprenderán a ser responsables de ellas y, por lo tanto, no será consciente de los efectos que éstas puedan tener en su vida y en la de los demás. A largo plazo, tendremos adultos que "hacen y deshacen" con su vida sin comprender las consecuencias de sus actos.

Otro error que se puede cometer es presionar o coaccionar a los niños, niñas y adolescentes para que tomen decisiones acordes con lo que el adulto considera es lo correcto o mejor para ellos. Esto invitará a que él o ella decidan actuar por complacer al adulto y no porque haya una verdadera interiorización de las consecuencias de sus decisiones. A largo plazo, tendremos personas que no tienen criterio o que no miden las consecuencias de sus decisiones, una vez tienen la libertad para tomarlas.

Es necesario educar a nuestros niños, niñas y adolescentes para que sean capaces de tomar decisiones sanas para sí mismos sin nuestra presencia u aprobación. Por lo tanto, es fundamental mantener una conexión permanente con ellos y usar las preguntas curiosas como una herramienta para que puedan tener consciencia de sus decisiones.

A continuación te comparto algunas ideas de cómo pueden ser:

- ¿Qué sucede si eliges este camino?
- ¿Esta decisión está acorde con lo que quieres para ti?
- ¿Cómo te sentirías si decides hacer esto?
- ¿Quién se perjudica o beneficia de esa decisión?
- ¿Quién puede cambiar el curso de esta situación?

- ¿Cómo puedes ayudar a que esta persona se sienta mejor?
- Imagina que ya has tomado esta decisión, ¿cómo te observas, te hace sentir feliz lo que ves?
- ¿De quién depende que esta situación sea diferente?

Ten en cuenta que en la medida en que les permitamos experimentar el poder de sus decisiones y hacerse responsable de ellas, aprenderán a elegir a consciencia lo que quieren para su vida.

Empoderarlos de su vida

Así como les enseñamos a ser conscientes del poder de sus decisiones también parte de nuestra tarea es enseñarles, desde que están pequeños, a asumir las decisiones que toman y a no responsabilizar a los demás por lo que les sucede.

Ejemplo 1

Están Juana y Mariana jugando en la habitación. A Juana se le ocurre la grandiosa idea de saltar sobre la cama. Cuando de repente se siente un golpe fuerte y un llanto.

Los padres, que estaban en la sala conversando, salen corriendo a ver qué ocurre. Mariana se había caído y golpeado en el brazo.

Mariana en medio de su llanto dice que se cayó porque Juana le dijo que saltara en la cama. Los padres no hicieron ningún comentario y se aseguraron de que el brazo no hubiera sufrido algún tipo de fractura y que la niña estuviera tranquila. Cuando llegó la noche le preguntaron qué había ocurrido, y ella contestó:

Mariana: ---"Juana me dijo que saltara en la cama".

Papá de Mariana: ---"Sí, hija, eso te escuche esta tarde. Y ahora cuéntame quién tomo la decisión de saltar en la cama, ¿Juana o Mariana?"

Mariana: ---"Yo, pero fue porque ella me dijo".

Papá de Mariana: ---"Mmmm entiendo, Juana te dijo, pero finalmente tú decidiste subirte a la cama y saltar en ella. Me imagino que te pareció divertido. Mariana, tú eliges decir "sí" o "no" a las cosas que te presentan con tus amigas. Siempre podrás decir "no" si crees que no es bueno para ti. Juana te invitó y tú decidiste acceder".

Ejemplo 2

Esteban tiene 16 años y está cursando 9 grado. Un día, llega a casa diciéndole a la mamá que ha perdido la asignatura de ciencias; y que lo que ha sucedido es responsabilidad de su profesor ya que él no le explica bien y, además, "se la tiene dedicada". Su madre en respuesta le dice que llamará al colegio para hablar con el profesor y solucionar esta situación.

En ambos ejemplos, la reacción por parte de Mariana y Esteban es responsabilizar a los demás de la situación que están viviendo. Las respuestas de los padres son diferentes en cada caso y de esto depende que el niño, niña y adolescente asuman y se responsabilicen de sus vidas.

En el primer ejemplo el padre espera a que la niña esté calmada para sostener una conversación que invite a Mariana a asumir su responsabilidad y no culpar a su amiga. A largo plazo, Mariana aprenderá que ella tiene el poder de su vida a través de sus decisiones.

En el segundo ejemplo la madre acepta que la responsabilidad es del maestro y adicionalmente decide resolver ella la situación. A largo plazo, Esteban aprenderá que él es una víctima de los infortunios y no se empoderará de su vida.

Aunque con este segundo ejemplo tú puedes estar pensado: bueno hay veces que el profesor no se sabe explicar, lo cual puede ser cierto; serán los estudiantes los responsables de expresar la situación. El profesor será responsable de las decisiones que tome una vez ellos manifiesten su inconformidad; molestándose y continuando con el mismo método; o buscando otras estrategias que mejoren el aprendizaje de sus estudiantes. De acuerdo con esto, también vendrá una cadena de decisiones tanto de los estudiantes como del maestro que cambiarán el curso de las circunstancias, porque como te comentaba antes, todos somos uno y a través de nuestras elecciones afectaremos a los demás de manera positiva o negativa.

Enseñarles a los niños, niñas y adolescentes que ellos son responsables tanto de lo que hacen como lo que dejan de hacer, o de lo que hablan o callan, logrará que ellos se empoderen de su vida y no crezcan sintiéndose víctimas de las actuaciones de los demás.

Así mismo permanentemente escucho afirmaciones tanto de parte de adultos como de niños, niñas o adolescentes que no sienten que tiene este poder, y responsabilizan a los demás de lo que les pasa, impidiendo de esta manera, empoderarse de la vida y hacer algo diferente para cambiar su situación. Por ejemplo:

- "Profesora, no presenté la tarea porque nadie me quiso prestar el material para hacerlo".
- "Es que mi amiga Sofía no deja que Juliana entre en el juego".

- "Por culpa de esta maestra perdí el año".
- "Es que me he quedado sola porque todos son malos conmigo".
- "Es que a mi hijo le va mal en el colegio porque ese método no le funciona".
- "A Camilo le va mal en el trabajo porque el jefe no gusta de él".
- "Llego tarde al trabajo porque vivo muy lejos".
- "Por culpa de Juan caí en bancarrota".
- "Mis papás no me dejan educar a mi hijo, ellos se meten en todo".
- "Si él no estuviera en la oficina, yo actuaría diferente con mi equipo".
- "Llevo tres años viviendo con él porque él no me quiere dar el divorcio".
- "Hice lo que me dijiste y me hiciste equivocar".

Cada una de estas frases es como estar en una zona de comodidad, en donde el ser se inhabilita, desconociendo su poder de acción y se lo entrega a los demás.

Estas historias podrían tener un final diferente si cada una de estas personas asumiera la responsabilidad de su vida y no se la entregara a los otros. Esta es la magia del poder de nuestras decisiones: ser protagonistas de nuestra propia vida, enseña y permite que tu niño, niña o adolescente lo desarrolle. Cada vez que observes que él o ella están responsabilizando a otros de lo que les ocurre, te propongo que le formules una de estas preguntas: ¿Qué puedes hacer en esta situación?, ¿qué opinas tú?, ¿qué decisión vas a tomar frente a esta situación que está ocurriendo? Notarás como él o ella podrá cambiar el curso de los sucesos y esto le ayudará a ganar confianza y empoderarse de su vida.

Responsabilidad social

Parte de nuestro trabajo durante el proceso de desarrollo de nuestros niños, niñas y adolescentes será mostrarles como el poder de sus decisiones puede estar al servicio de los demás.

Alfred Adler (de acuerdo con Dreikurs E., 1984, p. 6) decía que "los seres humanos traen una disposición innata hacia el interés social y dependerá del conjunto de experiencias que se les brinden que este florezca".

Desde que los niños y niñas están pequeños podemos incentivar este interés social, tanto en casa como dentro de los contextos escolares, para que en un futuro esta iniciativa de servicio se mantenga. Te comparto algunas ideas:

- Permitirles colaborar con los quehaceres de casa.
- Recibir su ayuda cuando te la ofrecen.

Por ejemplo: ¿Te ayudo a recoger los platos de la mesa? ¿Profesor, si usted quiere le puedo ayudar a repartir los materiales?

- Tener tareas asignadas para colaborar dentro del hogar y dentro del salón de clase.
- Involucrarlos en discusiones para que generen ideas sobre cómo podrían ayudar a la comunidad.
- Apoyarlos cuando ellos deseen ayudar a los demás, brindándoles las herramientas que necesitan para lograrlo. Por ejemplo, si el niño ha decidido donar sus juguetes a una fundación, el adulto dispondrá un día para llevar al niño a la organización para que, de esta manera, pueda hacer efectiva su donación.
- Invitarlos a colaborar e involucrarlos con los proyectos sociales que se tengan dentro de la comunidad.

Este tipo de actividades incentivan en el niño, niña y adolescente su sentido de comunidad y es una forma de mostrarles como sus acciones pueden generar bienestar a los demás.

Ayúdalos a revisar cómo estas acciones han favorecido a los demás, haciéndoles preguntas que los inviten a reflexionar; ¿cómo crees que se sintieron los demás cuando los ayudaste con la tarea?, ¿cuántas personas se van a beneficiar de tu ayuda?

También puedes reconocerle su colaboración expresándose-lo; "gracias a tu ayuda logramos tener el salón listo a tiempo", "aprecio la actitud de servicio que mantuviste con el grupo durante el día".

Para que este sentido social siga floreciendo es fundamental que no les ofrezcas algo a cambio por sus buenas obras, como premios, regalos o recompensas, ya que al hacerlo desestimulas el sentido innato de colaboración que ellos tienen.

Todos somos uno, y lo que haces te afecta así como a los demás. Por tanto, piensa antes de elegir y toma decisiones que generen bienestar y plenitud a tu alrededor.

Cómo todos somos uno

- No hay acciones que realices que sean pequeñas porque cada una de ellas impacta en ti y en los que están a tu alrededor, como el efecto dominó.
- Brinda oportunidades para que tu niño, niña, adolescente se sienta en la libertad y confianza de tomar sus propias decisiones y asumirlas. En la medida que esto suceda, aprenderá a tener consciencia de los efectos que éstas pueden tener en su vida; y le ayudará a pensar antes actuar.
- Fomenta consciencia en el niño, niña y adolescente frente a las consecuencias que tienen sus acciones en la vida de los demás, a través de conversaciones que inviten a la reflexión.

Ten presente que a través de tus acciones estás transformando e influyendo sobre lo que te rodea y a su vez estás haciendo eco en la comunidad. *Elige qué eco quieres escuchar.*

No somos perfectos

Seguimos viviendo esta aventura única de ser padres, madres y educadores de nuestros niños, niñas y adolescentes. Seguramente, en este momento después del camino que hemos transitado a través de la lectura del libro, puede que tengas reflexiones, aprendizajes, inquietudes y también cosas con las que no estás de acuerdo y otras que compartes. Incluso puede ser que te hayas dado cuenta de que has cometido varios errores durante tu labor y que no eres perfecto.

De hecho no llegarás a ser perfecto, inclusive después de llevar a la práctica este libro, de participar en talleres y conferencias de educación. Vas a mejorar, crecer y transformarte, pero no serás perfecto. Esto es parte de *ser humano* y como humano que eres, cometes errores. Entonces, quítate ese peso de encima y disfruta esta aventura de ser padre, madre y educador, siendo humano, vulnerable y dándote el permiso de equivocarte abiertamente, porque en la medida en que lo reconozcas tendrás una gran oportunidad de aprender a través de los errores.

A través de las siguientes preguntas, revisemos cómo afrontamos los errores y las razones que están detrás de ese comportamiento.

Te invito a que cada una de tus respuestas las escribas en tu diario:

- ¿En este momento de tu vida, qué tan fácil te resulta aceptar cuando te equivocas?
- ¿Qué tan fácil es para ti levantar la mano ante un grupo de personas y reconocer el error?
- ¿Qué decides hacer cuando cometes un error: ocultarlo o expresarlo?

Las respuestas que le has dado a estas preguntas están influenciadas por los mensajes que recibías de niño o niña de parte de los adultos, ya sea explícita o implícitamente cuando cometías un error.

Si recibías aceptación por parte de ellos y eran empáticos cuando te equivocabas puede que sea fácil admitir el error y corregirlo. Sin embargo, si la respuesta de los adultos era todo lo contrario puede que aún en esta etapa de tu vida te sea difícil reconocerlo y aceptarlo en público.

Al no aceptar o reconocer el error se pierde una oportunidad de aprendizaje y crecimiento personal y adicionalmente, se refuerza la posibilidad de seguir cometiendo el mismo error una y otra vez.

La forma como hayas interiorizado los errores en tu niñez influenciará la manera como manejas los errores cuando tu niño, niña, adolescente los comete.

Seamos ejemplo en casa y en nuestros contextos escolares para que los niños, niñas y adolescentes tengan claro que cometer un error no los convierte a ellos en un error. Practica y enséñales cómo pueden aprender del error a través de las 4 Rs de los errores que te compartí en el capítulo dos: recogerse, reconocer, reconciliar, resolver.

Un buen ejercicio para hacer en familia, es que modeles y compartas cuando has cometido un error en el día. Cuéntales cómo te sentiste y qué decisión tomaste frente a ello. También pregúntales sus ideas frente a cómo manejarlo diferente para que no te vuelva a ocurrir. Notarás como cada vez será más fácil para ellos admitir los errores y construir sobre ellos.

Las familias perfectas no existen

¿Te ha pasado alguna vez estando en el parque, centro comercial o en un restaurante que observas a las otras familias departiendo felices y sonriendo, y has pensado "definitivamente, son la familia perfecta"? Luego, miras a tu familia y piensas: *"definitivamente, la mía sí que está lejos de ser perfecta".*

Mientras estás pensando esto, yo te digo ¡bienvenido al mundo real! No hay familias perfectas, aunque parezca todo lo contrario. Todos nosotros cometemos errores a diario, unos días más que otros, pero igual nos equivocamos; por lo tanto, si somos imperfectos, igual sucede con las familias.

Revisemos ahora las implicaciones que tiene para los niños, niñas, adolescentes cuando dentro de su sistema de creencias consideran estar dentro de "familias perfectas".

Abril tiene 12 años, es hija única y está cursando quinto grado.

¡Los padres de Abril son afectuosos y están pendientes de ella. Ambos médicos y exitosos profesionalmente.

En días pasados fueron citados de nuevo al colegio para conversar acerca del rendimiento de Abril.

Los maestros no notaban mejoría a pesar de que la chica había estado en terapias para mejorar su metodología de estudio. Los padres no sabían que hacer, sentían que habían agotado todos los recursos. Entonces, se sentaron a conversar con su hija y le manifestaron su preocupación. Abril estalló en llanto al escuchar a sus padres y les expresó como se sentía y les dijo que ella jamás sería perfecta como ellos.

En ese momento, sus padres entendieron que, sin tener la intención, se habían mostrado ante Abril como padres perfectos, ya que todos los errores sobre los que se conversaba en casa estaban relacionados con lo que le sucedía a la niña.

Con este ejemplo vemos lo que ocurre cuando los niños, niñas y adolescentes creen estar en familias perfectas. Ellos pueden decidir rendirse antes de haberlo intentado o caer en un sentimiento de incapacidad al sentir que no logran los estándares de perfección que piensan que les están exigiendo.

Estoy segura de que estos sentimientos y características no son los que deseas alentar. Por lo tanto, ten el valor de compartir tu imperfección con los demás; esto ayudará a que los niños, niñas y adolescentes crezcan en contextos reales y les permita sentirse libres de reconocer sus errores, disculparse y enfocarse en soluciones cuando cometen un error.

Invita a mejorar y no a la perfección

Esto que hemos venido conversando acerca de la importancia de mostrar nuestra imperfección no quiere decir que ahora tengas que dormirte en los laureles y seguir el camino del menor esfuerzo. Todo lo contrario, ya que cuando reconocemos nuestra condición de imperfección, estamos más dispuestos a dar lo mejor de nosotros mismos para no cometer el mismo error.

La perfección es un condicionamiento externo que está basado en los estándares que otros consideran adecuados. Por lo tanto, cuando decides alcanzar *la perfección* vas en busca de lograr las metas de los otros. Por ejemplo, para muchos vivir de manera perfecta es tener casa, carro, beca y trabajo. Entonces, te pregunto: ¿qué sucede cuando no alcanzas estos estándares?, ¿cómo te sientes?, ¿qué piensas acerca de ti mismo y los demás?

Puede que creas que eres un fracasado y caigas en una ineptitud asumida decidiendo *dormirte en los laureles;* o puede que decidas seguir luchando por alcanzar estas metas que no te pertenecen. Aunque esta última opción te llevará algún día a lograr lo que alguien consideró como la "vida perfecta", me pregunto si estás dispuesto a pagar el precio de olvidarte de ti mismo y de apreciar tu propio camino.

Buscar esta perfección es entrar en una carrera de angustia, constante comparación y poca credibilidad en el proceso personal de crecimiento.

La razón por la que traigo esta reflexión es porque si no queremos someter a nuestros niños, niñas y adolescentes a las consecuencias de vivir bajo el estigma de ser perfecto, tenemos que incentivar dentro de nuestros contextos el aprecio hacia los avances y la valoración del esfuerzo; y tenemos que permitirle al otro desnudar su alma para mostrar la imperfección que hace parte de su humanidad.

Igualmente, estamos enmarcados por estándares sociales y académicos que definen una ruta de bienestar y aprendizaje. El riesgo con esto es que cuando no se reconoce dentro de este proceso el valor de la imperfección se puede llevar a las personas hacia el camino de la autodestrucción y el desaliento. Para alentar la mejora continua en en el niño, niña o adolescente y no caer en el extremo ni de la perfección, ni del conformismo, te propongo que:

- Valores su autenticidad.
- Lo reconozcas como un ser único y especial.
  Respetando sus propios procesos de aprendizaje y desarrollo, sin comparar.
- Le ofrezcas espacios en donde él o ella tengan la oportunidad de descubrir sus fortalezas para que logren sacar el mejor provecho de ellas. Así

mismo, bríndales los espacios para reconocer sus falencias y de esta manera sea más fácil para él o ella aprovechar la oportunidad de mejora.

- Lo invites a la reflexión acerca de los progresos que puede realizar en su tarea o labor a través de preguntas curiosas. Por ejemplo: ¿Qué puedes hacer para enriquecer este escrito? ¿Qué harías diferente para lograr los resultados propuestos?
- Emplees los errores como oportunidades de aprendizaje.
- Durante la elaboración de una tarea o consecución de un logro, revises el proceso que él o ella están llevando a cabo para ayudarlos a chequear y valorar sus avances e identificar sus puntos a mejorar.
- Le enseñes las tareas sin limitar su potencial de aprendizaje y de esta forma él o ella puedan ir más allá de los estándares establecidos.

Para disfrutar de esta aventura única es necesario que te quites de encima el peso de pretender *ser perfecto*. Así, verás cómo ayudas a tu niño, niña o adolescente a desarrollar las habilidades de vida que escribiste al inicio de este viaje; y como mejoras cada vez más tu labor como guía de ellos.

Todo en la vida tiene solución

En mi país usamos esta expresión cuando vemos a una persona en alguna dificultad *"todo en la vida tiene solución, menos la muerte"*. Lo cual es cierto. Mientras estemos en esta tierra disfrutando de la vida tendremos la oportunidad de solucionar cualquier situación que se nos presente.

Entonces te pregunto: ¿por qué si esto es así, nos cuesta tanto trabajo enfocarnos en soluciones en la cotidianidad? ¿Cuáles son las razones por las que las personas se ahogan en un vaso con agua, cuando todo tiene una solución?

Hay varias razones por las que esto ocurre. La primera es que la persona está tan desesperada que no ve salida a su problema. La segunda es que no busca ayuda. La tercera es que no se siente capaz de salir de la situación. La cuarta es que la persona no tiene la habilidad de enfocarse en soluciones.

Aunque puede haber muchas otras razones, lo que haremos en este capítulo es enseñarle a nuestros niños, niñas y adolescentes a enfocarse en soluciones porque al aprenderlo, lograrán sobrepasar las tres primeras razones y salir adelante de las situaciones.

El primer aliado para enseñarles a enfocarse en soluciones eres tú. Eres su modelo porque aunque pienses que nadie te observa... diariamente están esos hermosos ojos viendo cada paso que das porque algún día quiere ser como tú. Para él o ella eres un padre, una madre fenomenal, eres su héroe. Entonces en la medida en que él o ella note que tú eres una madre o un padre propositivo que independientemente de las situaciones buscas soluciones, él o ella empezarán a aprender a hacerlo.

Otra de las formas es que aproveches cada situación que se les presente para enfocarse en soluciones. Para esto te comparto las tres Rs y la U de las que nos habla Nelsen (2009, p. 126) . Las soluciones deben ser:

Relacionadas, con el comportamiento.

Respetuosas, es decir no involucran culpa, vergüenza o dolor. Además, al ser llevada a la práctica, la solución no agrede la dignidad del niño o niña.

Razonable, tanto para el niño o niña como para el adulto.

Útil, al llevar a la práctica la solución planteada previene que la situación vuelva a repetirse.

Constantemente se nos presentan situaciones desafiantes tanta en casa como dentro del contexto escolar en donde podemos invitar a los niños, niñas y adolescentes a enfocarse en soluciones. Sin embargo, lo que observo que sucede es que los adultos hacen uso de las consecuencias, pero en realidad son "castigos disfrazados". Las usan para que él o ella paguen por el error cometido y se considera que entre más fuerte sea la consecuencia (castigo) mejor aprenderán.

Como ya vimos en el capítulo del respeto mutuo, hacer sentir mal al otro lo único que genera son sentimientos de dolor, rabia, revancha o retraimiento; invitando a que él o ella asuman una posición de defensa y no desarrollen las habilidades de vida que queremos para ellos.

Las consecuencias son un efecto de la acción. Cuando te tomes un tiempo pensando que consecuencia debe tener este niño o niña, lo más probable es que lo que obtendrás será un castigo.

Veamos a continuación varios ejemplos de consecuencias.

Acción	Consecuencia
No estudias.	Te va mal en el colegio o en la universidad.
Pagas tus créditos a tiempo.	Tienes un buen historial crediticio.
Te pasas un semáforo en rojo.	Te multan o te accidentas.
Eres respetuoso y amable con los demás.	Tienes personas que te aprecia.
Comes a altas horas de la noche.	Te duele el estómago.
Haces ejercicio.	Tu cuerpo se tonifica.
Incumples la meta propuesta de venta.	No recibes la bonificación respectiva.

Las consecuencias pueden ser naturales o lógicas y cada persona deberá asumir los resultados de estas, ya sean positivos o negativos.

Las consecuencias naturales son las que suceden como efecto de la acción, sin la intervención del adulto. Por ejemplo:

- Sales a la calle sin la sombrilla. Por lo tanto, si llueve te mojas.
- Decides no tomar el desayuno, más tarde te da hambre.
- Se te queda la llave de tu oficina en casa, al llegar al lugar no puedes abrir la puerta.
- Llegas tarde a la cita médica, no te atienden porque se pasó la hora de tu cita.

Las consecuencias lógicas cumplen con las 3 Rs de las soluciones (relacionada, respetuosa, razonable) y adicionalmente tiene una cuarta R que es revelada con anticipación por parte del adulto.

Por lo tanto, el niño o niña conocen anticipadamente cuál será la consecuencia de su acción al tomar su decisión. Por ejemplo:

- Si no termina la tarea a tiempo, su rutina se atrasa y dispone de menos tiempo para realizar sus siguientes labores.
- No hace la tarea. Por lo tanto, al llegar al colegio deberá ir a primera hora a un salón designado para ponerse al día.

- Dos niños a la hora de recreo se pelean. Por lo tanto, los envían a Coordinación de Disciplina, de acuerdo con el manual para la paz o de convivencia del colegio.

Estas consecuencias lógicas cumplen con los criterios que se habían mencionado anteriormente y aunque el niño, niña y adolescente las asuman, esto no garantiza que cambiará su comportamiento o que solucione la causa del problema que se esté presentando.

La invitación que te hago es a ir más allá de las consecuencias para enfocarte en soluciones.

Revisemos nuevamente las situaciones anteriores, planteando ahora algunas ideas frente a cómo resolverlo:

Situación	Consecuencia	Solución
No termina la tarea a tiempo.	Su rutina se atrasa y dispone de menos tiempo para sus siguientes labores.	- Revisamos si tiene dificultad con una tarea en específico que no le permite terminarla dentro del tiempo establecido. - En caso de tener dificultad, buscamos soluciones en conjunto para que comprenda el concepto. - Examinamos y optimizamos la metodología de estudio. - Analizamos con el niño o niña si el lugar de hacer tarea es óptimo para trabajar y no le genera distracciones.
No hace la tarea.	Al llegar al colegio deberá a primera hora ir a un salón designado para ponerse al día.	- Exploramos las razones con el niño y de acuerdo con la respuesta, nos enfocamos en soluciones. Por ejemplo, si es por falta de comprensión, entonces verificamos como podemos ayudarle, dándole asesoría.
Dos niños a la hora de recreo se pelean.	Son enviados a Coordinación de Disciplina, de acuerdo al manual para la paz o de convivencia del colegio.	- Esperamos a que ambos niños se calmen y conversamos con cada uno de ellos. Basados en los hechos, les pedimos que planteen soluciones para que no les vuelva a ocurrir.

Luego de ver este ejercicio, te invito a que escribas en tu diario un problema que tengas con tu hijo o hija. Emplea las tres columnas indicando la situación, la consecuencia que haya asumido el niño o la niña y una tercera columna correspondiente a las soluciones.

Para explorar cuáles pueden ser las posibles soluciones, involucra a tu hijo o hija en una lluvia de ideas que cumpla con las 3 Rs y la U de las soluciones.

Una vez tengan algunas ideas, escojan la que consideren más conveniente para los dos e inténtenla.

Después de una semana de estar trabajando sobre ella, revisen como les ha ido y en caso de que no les esté funcionando, pueden elegir otra de las soluciones propuestas o generar una nueva lluvia de ideas.

Al momento de llevar a cabo este ejercicio es importante que todos los involucrados estén calmados para que puedan acceder a su ser racional para comprender mejor las razones del problema y de esta manera plantear soluciones relacionadas, respetuosas, razonables y útiles. De lo contrario, será un espacio para hacer juicios y críticas y magnificar el problema.

Te comparto a continuación un ejemplo en donde la madre va más allá de las consecuencias y se enfoca en soluciones:

Luisa tiene dos hijos, Emiliano y Lucas, quienes habían tomado tres latas de pintura en spray para crear un tablero de juegos sobre un cartón. En el proceso del pintado, mancharon varios ladrillos del frente de la casa y algunas zonas comunes del conjunto. Al darse cuenta de lo ocurrido, limpiaron el piso con agua y jabón sin tener éxito.

Al llegar a casa, a Luisa la reciben sus hijos y le muestran emocionados su nuevo tablero de juego; y tímidamente le enseñan el área en donde estuvieron trabajando. Al ver el lugar Luisa alcanzó a imaginarse a sus vecinas malhumoradas reclamándole por los ladrillos que ahora eran plateados y negros. Sin embargo, se

concentró en ese cuarteto de ojos que no sabían si estar felices por su obra o tristes por los estragos del proceso. Así que se sentó con ellos en el piso, cerca de los ladrillos pintados y les permitió que le contaran todos sus intentos fallidos por limpiarlos.

Luisa les explico que las manchas solo se quitaban con químicos muy fuertes, que ellos no podrían usar. Entonces les preguntó:

Luisa: --- Chicos ¿qué soluciones proponen para reparar este daño?

Después de un momento de silencio...

Emiliano responde:

---Mamá, ¿podemos pagarle al jardinero para que lo haga por nosotros?

Luisa: ---Me parece razonable la idea pero tengo tres preguntas:

---¿Será que el señor estará de acuerdo?, ¿cuánto costará el arreglo y, ¿de dónde saldrá el dinero?

Ambos chicos ofrecieron pagarle al jardinero y se fueron a preguntarle si les podría ayudar con el trabajo y cuánto les cobraría.

El jardinero estuvo de acuerdo en ayudarles y les pidió que como pago de su trabajo lo invitaran a almorzar.

De esta manera, vemos como Luisa va más allá de las consecuencias e invita a sus hijos a encontrar soluciones para reparar el daño causado, sin hacer juicios y sin hacerlos sentir mal. A largo plazo, sus hijos aprenderán a enfocarse en soluciones, a ser honestos y responsables de sus acciones, a ser independientes y a tener una actitud positiva ante la vida.

Así como hizo Luisa, tú también podrás aprovechar diariamente los problemas que se te presentan con tu niño, niña o adolescente para invitarlos a enfocarse en soluciones, usando preguntas abiertas que los lleven a generar ideas frente a como solventar estos desafíos.

Incluso, aunque aún no tenga un lenguaje desarrollado para responder a la pregunta que le planteas, él o ella encontrarán la forma de aportar para resolver la situación a través de su acción. Por ejemplo: cuando notas que a la niña de 2 años se le ha quedado atrapada la pelota debajo de la silla, en lugar de salir corriendo y sacarla por ella, pregúntale ¿cómo crees que esa pelota puede salir de ahí? Y luego observa... Te sorprenderá ver cómo lo soluciona.

Si llegas a pensar que ningún aporte de la lluvia de ideas es útil, considera que buscar ayuda también hace parte de enfocarse en soluciones. No estás solo y tienes a tu alrededor muchas personas conectadas contigo dispuestas a apoyarte. Así como cuando hablamos de que no somos perfectos tampoco tenemos porque sabérnoslas todas. Entonces, levanta la mano y no sientas miedo de pedir ayuda. De esta forma, le estarás enseñando a tu niño, niña o adolescente a ser humilde y recursivo para enfrentar los retos que se le presenten.

Una historia escrita por Jane Nelsen

La historia que encuentras a continuación es un extracto de un próximo libro de Jane Nelsen acerca de la resolución de problemas:

Para la Disciplina Positiva es primordial enfocarse en "soluciones." Cuán importante lección de vida es enseñarles a los niños a enfocarse en buscar soluciones. ¿Cuál es el problema? ¿Cuál es la solución?

Enfocarse en soluciones ante cualquier problema es mucho más eficiente a largo plazo que un grito o regaño. Revisemos los siguientes escenarios:

Escenario uno: Seth, un niño de 8 años, pierde su balón de fútbol. La madre lo regaña y le dice cuán irresponsable ha sido; recordándole las cantidades de veces que le ha dicho que cuide su balón y como ella no está llena de dinero como para reemplazárselo. Además, le hace saber que tendrá que durar un tiempo sin el balón para ver si así logra aprender a ser más responsable. Después de cinco minutos, la madre lleva a Seth a una tienda a comprarle un nuevo balón de fútbol. En el camino, ella le sigue recalcándole lo mismo de antes habla, habla y le repite que tiene que ser más responsable.

Ahora imagina si tú fueras Seth.

¿Qué estarías pensando, sintiendo y decidiendo? ¿Estarías agradecido de que tu madre te haya dado tan buenos consejos sobre la responsabilidad? ¿Te sentirías feliz porque tu mamá fue diligente? ¿Estarías decidiendo ser más responsable desde ese momento en adelante por el amor demostrado por tu madre? O ¿Estarías pensando que tan fácil es, sencillamente taparte los oídos a los consejos de tu madre y esperar hasta que ella misma decida rescatarte otra vez?

Escenario dos: Samantha, 8 años de edad, perdió su guante para jugar béisbol. La madre de Samantha valida los sentimientos de su hija, "eso debe de ser decepcionante." Samantha llora, "podrías comprarme otro guante, por favor, es que no me quiero perder el próximo juego?" La madre le dice, "No, pero estoy dispuesta a que nos sentemos cuando te sientas lista y discutamos acerca de ideas para solucionar este problema. Me encantaría que juntas revisemos y creemos posibles soluciones para tu problema".

Durante su conversación para formular soluciones propusieron las siguientes ideas:

1) Buscar el guante con más intensidad.

2) Pedir un guante prestado durante el juego mientras el otro equipo batea.

3) Jugar sin guante cuando es posible.

4) Crear una lista de trabajos especiales para recaudar fondos para comprar un nuevo guante.

Samantha escogió llevar a cabo la idea número 2 y logró encontrar una gran cantidad de compañeras con un guante para prestarle.

El próximo día volvieron a juntarse, madre e hija y crearon una lista de trabajos extras que Samantha podría hacer para recaudar dinero para comprar un nuevo guante.

Imagina que tu eres Samantha. ¿Qué estarías pensando, sintiendo y decidiendo? Quizás al principio de la intervención de tu madre, estarías resentido por el hecho de que ella no te quiso rescatar y comprar un nuevo guante. De pronto llegarás a pensar que tienes a la peor madre de este mundo. Sin embargo, después de que decides solucionar tu problema pidiendo prestado un guante, lo más probable es que te sentirás capaz y orgulloso de ti mismo. De esta manera, acabas de adquirir herramientas que te servirán por el resto de tu vida.

Para los padres usar los regaños y rescatar a sus hijos puede resultar el camino más fácil (aunque frustrante).

Requiere mayor sensatez y fe de parte de los padres, tanto en ellos mismos como en sus hijos para evitar caer en regaños y/o soluciones rápidas e ineficaces para resolver problemas. Al enfocarte en soluciones les enseñas a desarrollar habilidades sociales y de vida que les servirá mucho en sus relaciones interpersonales por el resto de sus vidas.

Las reuniones familiares y juntas escolares

Las reuniones familiares y juntas escolares son herramientas poderosas para fomentar en los niños, niñas o adolescentes la habilidad de enfocarse en soluciones.

Tanto las reuniones familiares como las juntas escolares tienen una estructura para llevarlas a cabo y que puedes profundizar acerca de ellas "en el libro de Nelsen (2009) y en el libro de Nelsen, Lott & Glenn (2013)."

Estas reuniones se inician con un momento de apreciaciones, en donde cada uno de los miembros reconoce o resalta algo positivo de los demás. Luego se revisa en la agenda el tema que se va a discutir, el cual fue previamente escrito por uno de los miembros de la reunión familiar o escolar. Todas las personas participan a través de una lluvia de ideas dando sugerencias que resuelvan el problema en cuestión.

Una experiencia en un salón de clase

Te comparto a continuación como a través de una junta escolar se logró resolver una situación que estaba incomodando a los estudiantes de quinto grado.

Dentro de la dinámica escolar del Gimnasio Campestre Oxford, escogen anualmente un representante de cada curso.

RESPETO
AMOR
CONFIANZA
GRATITUD
TOLERANCIA
RESPONSABILIDAD
COMPROMISO

Mateo se había postulado y tenía mucho interés en ganar las elecciones, así que como maniobra para obtener los resultados que quería, les ofrecía refrigerios a sus compañeros, los ayudaba con las tareas y hablaba mal de los otros postulantes, entre otras cosas.

Los compañeros del salón de clase de Mateo se habían dado cuenta de que su proceder no era el adecuado y como estrategia para buscar una solución llevaron a cabo una junta escolar, con una dinámica que invitara a la reflexión a todos.

Como es costumbre, iniciaron realizando el círculo y dándose apreciaciones entre ellos. Luego discutieron acerca de la importancia de establecer relaciones sociales con los demás fundamentadas en los valores que promueve la institución.

La maestra Margarita, quien los estaba acompañando durante la reunión, realizó un ejercicio en donde comparó los cimientos de un edificio con las bases que se necesitaban para tener una relación sólida.

La maestra dibujó en el tablero un edificio de cinco pisos con cuatro apartamentos en cada piso. Les explicó que cada piso del edificio contenía las relaciones de amistad que las personas construyen a lo largo de la vida.

También les preguntó acerca de cuáles podrían ser las bases que necesitaría este edificio para mantenerse en pie y estar sólido en el transcurso de la vida.

Los estudiantes comprendieron rápidamente el concepto y respondieron: la honestidad, el amor, la confianza, la amistad, la gratitud, el compromiso y la tolerancia.

Margarita iba dibujando debajo del edificio de cinco pisos, cada uno de los valores (cimientos) que comentaban los estudiantes. Al final logran una base de 8 pisos de profundidad.

Luego, entre todos discutieron acerca de lo que podría ocurrir con el edificio si sus acciones no estaban acordes con los valores que lo cimentaban. Concluyeron que si el edificio perdía una de sus bases podría empezar a tambalearse y en algún momento derrumbarse.

Posteriormente, la maestra Margarita les pregunta cómo relacionan estos valores con las características que debe tener el representante del curso para poder ser elegido; y los estudiantes responden que debe ser coherente entre conocer, pensar, actuar y sentir.

Antes de finalizar la reunión de clase, Mateo pide la palabra y reconoce frente al grupo que se había equivocado en su proceder; y ofrece disculpas a cada uno de sus compañeros y les pide que le den una segunda oportunidad.

En las juntas de clase los estudiantes se sienten seguros de buscar ayuda, se apoyan como grupo para sortear las dificultades que se les presentan; y también se sienten tranquilos de reconocer los errores, como sucedió en la anterior historia.

Una reunión familiar

Las reuniones familiares siguen el formato que te había mencionado anteriormente y son un espacio en donde se discuten diferentes temas de acuerdo con lo que los miembros de familia hayan planteado en la agenda. Veamos a continuación un ejemplo de una reunión familiar en donde la madre pide ayuda para mantener el orden en la casa.

Ana y Rodrigo eran padres de Santiago de 8 años y Mariana de 12 años. Ana había escrito en la agenda familiar "necesitamos mantener la casa ordenada, ¿cómo podemos lograrlo?".

Se dio inicio a la reunión dándose apreciaciones entre ellos. Luego, Santiago como moderador de la reunión, leyó lo que la mamá había escrito en la agenda. Cada uno expresó lo que observaba y todos participaron en la lluvia de ideas planteando algunas soluciones:

Mariana: ---*¿Qué tal si tenemos un frasco con diferentes tareas y que semanalmente a cada quien le salga su quehacer al azar?*

Ana: ---*Me parece buena idea y ¿qué hacemos si la tarea asignada no sabemos cómo hacerla o implica algún riesgo?*

Rodrigo: ---*Mmm, entonces tendríamos que incluir dentro de la lluvia de ideas periodos de capacitación.*

Santiago: ---*Y, ¿qué tal que yo empiece esta semana ordenando mi cuarto?*

Mariana: ---*Bueno, yo también organizo mi habitación y ayudo a lavar los platos.*

Rodrigo: ---*Yo puedo sacar la basura y secar y guardar los platos.*

Ana: ---*Yo cocino y limpio el polvo. Al parecer ya tenemos un plan. Y, ¿qué hacemos si no funciona?*

Mariana: ---*Pues mamá, primero probemos y si no funciona lo volvemos a discutir la próxima semana.*

Todos se comprometieron y cerraron su reunión familiar jugando a hacer mímicas como lo había propuesto Santiago en una reunión pasada.

Como observas, las reuniones familiares son un espacio especial y único porque son la oportunidad que tienes para reconocer a cada uno de los miembros de tu familia.

Además las reuniones familiares tienen las condiciones necesarias para que todos expresen sus ideas y aunque no siempre la sugerencia de una persona se llevará a cabo, sí aseguramos que fue tenido en cuenta y respetado.

Con esta dinámica implantada en casa, desarrollarás en tus hijos o hijas la habilidad de escucha y la empatía, y los animarás a sentirse capaces de plantear soluciones y a contribuir con el bienestar de los demás a través de sus ideas y acciones.

Ten en cuenta que entre más oportunidades les brindes para practicar este principio de enfocarse en soluciones, mayor habilidad ganarán para resolver sus conflictos y ser propositivo en la cotidianidad.

No existen
fórmulas mágicas

Ya estamos finalizando nuestro viaje y ha sido un gusto acompañarte en este proceso. Gracias por elegir este camino, en donde serás el protagonista de esa educación que quieres dejarle a tu niño, niña o adolescente. Lo que hagas hoy marcará su vida presente y futura; y en la medida en que practiques lo que hemos construido, será más fácil llegar a la meta que planteaste cuando iniciaste este viaje.

No hay fórmulas mágicas y tampoco técnicas de crianza y educación que al combinarlas obtengas el resultado que esperas. Por eso es importante y te animo a que fundamentes tu guía sobre estos principios que hemos trabajado en *Educando con propósito*, los cuales pueden ser interiorizados en tu vida y aplicados en todas las relaciones que estableces con los demás.

Lo que te he planteado durante este recorrido es darte el permiso de guiar a tu niño, niña o adolescente siendo humano con consciencia y con un propósito claro de hacia dónde quieres llevarlo. Ten la certeza y seguridad de que si fomentas en casa y dentro del contexto escolar respeto mutuo, sentido de pertenencia, aprendizaje a través de los errores, enfoque en soluciones cuando se tiene problemas y empoderamiento en las decisiones, ayudarás a que él o ella se sientan capaces de enfrentar el mundo y prosperar dentro de él.

Diariamente puedes elegir que estos principios sean parte de ti. Da pequeños pasos, primero empezando contigo y verás como los cambios en la dinámica familiar y escolar se reflejarán como el efecto dominó.

Te invito a remitirte a lo que has escrito en tu diario las veces que sea necesario, ya sea para recordar cuales fueron tus compromisos o para hacer los cambios que se ajusten mejor para llevar a cabo los principios. También, si notas que debes fortalecerte en alguno de ellos, crea unas acciones específicas para que, poco a poco, el principio se empiece a reflejar en tu vida. Por ejemplo:

Si consideras que tienes que trabajar más en el principio del respeto mutuo porque constantemente te sientes vulnerado por los demás, entonces revisa tanto las acciones que escribiste, como las que te compartí en el libro y marca un plan de ruta que te lleve a sentirte respetado.

También como parte de la dinámica de mejora constante durante esta labor de guiar a tu niño, niña o adolescente, te aliento a que antes de acostarte reflexiones acerca de los aciertos que tuviste como padre, madre o educador; y a que te aprecies por tus propios avances. Igualmente, si consideras que te has equivocado, reconócelo y revisa que harás diferente mañana.

Confía en tu sabiduría interna y ten presente que lo que no funciona contigo tampoco funcionará con los demás, por lo tanto, trátalos como quisieras que ellos te trataran.

Finalmente, me despido dándote las gracias porque a través de tu quehacer como madre, padre o educador nos estás ayudando a construir la plataforma necesaria para que nuestros niños, niñas y adolescentes desarrollen las habilidades que les permita ser verdaderos líderes que impulsen la transformación que necesitan nuestras sociedades.

Gigi Núñez

Bibliografía

Brown, Brené. Los dones de la imperfección . Madrid: Gaia Ediciones, 2012.

Covey, Sean. Los 7 hábitos de los adolscentes altamente efectivos. Bogotá: Random House Mondadori Ltda., 2007.

Daniel J. Siegel, M.D. Brainstorm. New York: Penguin Group, 2013.

Dinmeyer, Don, & Rudolf Dreikurs. Cómo estimular al niño: Proceso del estímulo. España: Marfil, 1968.

Dreikurs, Rudolf, & Vicky Soltz. Children The Challenge. New York: Plume Books, 1990.

Ferguson, Eva Dreikurs. Adlerian Theory. Chicago: Adler School of Professional Psychology, 1999.

Hart, Sura, & Victoria Kindle Hodson. Respectful Parents Respectful Kids. Encinitas, CA: Puddle Dancer Press, 2006.

Hooper, Anne, & Jeremy Holford. Adler for Beginners. New York: Writers and Readers, 1998.

Klein, Shari, & Neil Gibson. What´s Making You Angry?:
10 Steps to Transforming Anger So Everyone Wins.
La Crescenta, CA: Puddle Dancer Press, 2003.

LaSala, Teresa, Jody McVittie, & Suzane Smitha.
Disciplina Positiva en la Escuela y Salón de Clase
Guía del Líder: Recursos y Actividades. USA: Positive
Discipline Association, 2013.

Lott, Lynn, Riki Intner , y Barbara Mendenhall. Do It
Yourself Therapy . Franklin Lakes, NJ: The Career
Press, 1999.

Mashall, Dr. Marvin. La crianza sin Estrés. Los Alamitos,
CA: Piper Press, 2010.

Mckay, Gary, Joyce L. McKay, Daniel Eckstein, y Steven
Maybell. Raising Respectful Kids in a Rude World.
Roseville, CA: Prima Publishing , 2001.

Nelsen, Jane. Positive Discipline . New York:
Ballantine, 2006.

Nelsen, Jane, Cheryl Erwin , y Roslyn Duffy.
Positive Discipline for Preschoolers. New York: Three
River Press, 1998.

Nelsen, Jane, Cheryl Erwin, & Carol Delzer. New York: Three Rivers Press, 1999.

Nelsen, Jane, Cheryl Erwin, & Roslyn Duffy. Positive Discipline: The first Three Years: From Infant to Toddler. New York: Three Rivers, 2007.

Nelsen, Jane, Lynn Lott, & Stephen Glenn. Positive Discipline A-Z: 1001 Solutions To Everyday Parenting Problems. New York: Three Rivers Press, 2007.

—. Positive Discipline in The Classroom. New York: Three Rivers Press, 2013.

Nelsen, Jane, & Cheryl Erwin . Parents Who love To Much: How good parents Can Learn To Love More Wisely and Develop Children of Character. Rocklin, CA: Prima, 2000.

—. Positive Discipline for Childcare Providers. New York: Three Rivers Press, 2002.

Nelsen, Jane, & Lynn Lott . Teaching Parenting in the Positive Discipline Way. USA: Positive Discipline, 2008.

Nelsen, Jane, & Lynn Lott. Positive Discipline for Teenagers. New York: Three Rivers Press, 2000.

Nelsen, Jane, & Stephen Glenn. Raising Self-Reliant
Children in a Self-Indulgent World: Seven Building
Blocks for Devoloping Capable Young People. New York:
Three Rivers Press, 2000.

Siegel, Daniel J., & Tina Payne Bryson. El cerebro del
niño. Barcelona: Alba, 2012.

Me gustan los libros que no acaban cuando lees la última página, sino que se quedan en tu cabeza por largo tiempo. Eso me pasó con este libro. Sigo pensando en los principios que aprendí y en las profundas enseñanzas que pueden ser aplicadas tanto en sencillos momentos cotidianos, como en la toma de grandes decisiones familiares o escolares. Sin duda, un gran aporte para quienes creemos en una educación más integral y respetuosa como base para una sociedad más solidaria, pacífica y democrática.

Rocío Gómez, Mamá y Especialista en Educación y Primera Infancia

Tengo en mi corazón un gran sentimiento de gratitud hacia Gigi, porque a través de ella fui descubriendo cómo fortalecer la filosofía del colegio basada en la disciplina positiva y porque con su entusiasmo y conocimiento me inspiró a guiar a los docentes y a creer que sí es posible cambiar el contexto escolar siendo amables y firmes al mismo tiempo.

Lluliette Díaz , Colombia

Gigi ha sido una persona fundamental en la vida de mi familia, no solamente por sus consejos sino también por ser una inspiración para cambios profundos. Me siento honrada por tener a Gigi como mentora.

Alejandra Patiño, Costa Rica

Gracias a las enseñanzas y apoyo de Gigi he mejorado la conexión que tengo con mi hija adolescente y aprendí que primero tenía que surgir un cambio en mí para poder ayudar a los demás

Ivonne Quezada, Puerto Rico

Llegue a Gigi buscando ayuda en la crianza, después de no saber cómo guiar a mi hija de un año. Encontré más que eso, encontré amor, comprensión, contención, luz y la firme esperanza de que podemos crear un mundo más armónico y feliz.

Luisa Contreras, Guatemala

Creo que una de las fortunas más grandes que pueden pasarle a un ser humano es encontrar su pasión en la vida y la forma de contribuir al bien social haciendo lo que le gusta y para lo cual nació. Gigi Núñez nació para inspirar y guiar a miles de familias que necesitan apoyo en la crianza y que buscan un mejor mundo para todos.

Carla Herrera, México

Los hijos no vienen con el manual de instrucciones y Gigi con sus claras indicaciones me ha permitido construir vivencias enriquecedoras y de crecimiento familiar en los momentos claves de la crianza.

Diana B. Martínez, Colombia

Made in the USA
San Bernardino, CA
27 October 2015